Jeff Bezos: Die Macht hinter der Marke

Jeff Bezos: Die Macht hinter der Marke

Einblick und Analyse des Lebens und der Erfolge des reichsten Mannes dieses Planeten

JR MacGregor

Jeff Bezos: Die Macht hinter der Marke

Einblick und Analyse des Lebens und der Erfolge des reichsten Mannes dieses Planeten

Copyright © 2018 JR MacGregor

Alle Rechte vorbehalten. Kein Teil dieses Buches darf ohne vorherige schriftliche Genehmigung des Herausgebers in irgendeiner Form oder mit irgendwelchen Mitteln - elektronisch, mechanisch, fotokopiert, aufgezeichnet, gescannt oder anderweitig - reproduziert, gespeichert oder übertragen werden, außer für kurze Zitate in kritischen Rezensionen oder Artikeln.

Veröffentlicht von CAC Publishing LLC.

ISBN 978-1-948489-80-5 Taschenbuch

ISBN 978-1-948489-78-2 eBook

Dieses Buch ist jenen gewidmet, die davon träumen, die Welt zu verändern.

Werfen Sie auch einen Blick auf das nächste Buch in der „Billionaire Visionaries"–Reihe:

Elon Musk: Die Welt mit neuen Technologien bewegen

Inhaltsverzeichnis

Inhaltsverzeichnis	7
Vorwort	10
Einleitung	14
Kapitel 1 – Ein Überblick	23
Es begann mit Büchern	24
Die Technologie	26
Neue Vorhaben	27
Das Dilemma eines Unternehmers	29
Endlich: Der Start	30
Hartnäckigkeit, die sich auszahlt	32
Endlich Online	34
Investoren-Pitch	35
Kapitel 2 – Triff Jeff Bezos	39
Die Querung des Hudson Rivers	40
Ein tiefer Einblick	52
Der Blick hinter den Reichtum	53
Kein voreiliges Urteil	56
Kapitel 3 – Ein junger Mann mit einer Mission	60
Peter Pan	61
Farmleben	67
Ressourcen	68
Die merkwürdigen Jahre	69

Das Zeitalter des Computers	70
Verlockung oder Vernunft?	71
Vorbilder	74
Unbegrenzte Energie	76
Delegieren	77
Nach dem Studienabschluss	80
Bezos und die Frauen	83
Kapitel 4 – Der Start von Amazon	86
Ablenkung und Verwirrung	89
Wieviel Bezos steckt in Amazon?	98
Kapitel 5 – Amazon verstehen, heißt Bezos verstehen	100
Roboterarme	104
Der Amazon-Kunde	108
Bezos und seine Angestellten	109
Kapitel 6 – Denken wie Bezos	114
Begrenzte Spieler	115
Unbegrenzte Spieler	117
Die begrenzt-unbegrenzt Denkweise	119
Kapitel 7 – Abseits von Amazon	121
Kapitel 8 – Mentales Manifest	130
Kapitel 9 – Eine schließende Betrachtung	137
Kapitel 10 – Bezos der Philantroph	146
Epilog	149

Vorwort

Trotz unserer besseren Engelsfiguren, Vorbilder, Ikonen, die wir sein möchten, scheinen wir Dinge ohne Reim und ohne ersichtlichen Grund zu tun. Wir schauen auf das neue Auto unseres Nachbarn; wir fügen unserer Familie unsere politischen Ansichten hinzu; wir beurteilen andere nach den Maßstäben, die wir willkürlich für uns selbst festgelegt haben, und wir können nicht genug vom Reality-TV bekommen. All diese Faktoren des menschlichen Profils sind komplizierter miteinander verbunden, als wir uns vorstellen können.

Wir tun diese Dinge, weil die menschliche Spezies auf einer sehr tiefen Ebene untrennbar verbunden ist und die Art und Weise, wie sie sich definiert, in der Neugierde unserer Mitmenschen liegt. Wir sind alle auf unsere eigene Weise begabt, aber meistens wissen wir nicht, wie wir unsere Gaben verstehen oder in einer Weise einsetzen sollen, die zu spektakulären Ergebnissen führt.

Wir wissen nicht, wie wir unser eigener Elon Musk werden können, oder unser eigener Bill Gates, Steve Jobs oder Jeff Bezos. Alle diese Männer (nur eine kurze Auswahl von einigen der Leistungsträger da draußen) sind äußerst erfolgreich in dem, was sie tun, aber es gibt kein Duplikat unter ihnen. Bezos erzielte einen enormen Erfolg, indem er etwas ganz anderes als Steve Jobs tat. Bill Gates steuerte etwas ganz anderes bei – und machte es ganz anders als Elon Musk. Aber sie alle trugen wesentlich und in verschiedenen Bereichen zum Lebens bei, das wir erleben.

Wir schauen nicht und sollten wirklich nicht danach streben, das zu tun, was sie getan haben, aber wir sollten uns selbst so verstehen, wie sie sich selbst verstanden und ihre besseren Engelsfiguren ausgenutzt haben.

Lassen Sie es mich veranschaulichen:

Als ich dieses Buch über Bezos schrieb, lernte ich so viele Dinge über ihn, aber noch wichtiger, ich lernte etwas sehr Bedeutsames über meinen jüngsten Sohn, der sich so verhält wie Bezos, als er noch ein Kind war. Als ich sein Leben erforscht habe, hat die Lawine der Anekdoten, die ich in meiner Forschung zusammengesetzt habe – während ich ein Bild von Bezos in meinem Kopf malen sollte, damit ich es Ihnen erzählen kann – am Ende ein Bild von meinem jüngsten Sohn gemalt. Und das änderte meine Sichtweise von ihm und wie ich auf ihn reagiere, weil es mich lehrte, meine Jüngsten besser zu verstehen – der sich schon immer von anderen Kindern unterschied. Ich erwarte nicht, dass Sie dies mit Ihren Kindern machen, aber es könnte Ihnen helfen, etwas über sich selbst zu lernen; wer weiß, wohin das führen kann.

Ich sage es hier und später noch einmal, in Biographien geht es nie um das Thema und seinen „Boulevardwert". Biographien von großen Leistungsträgern handeln von uns selbst. Wenn Sie es in diesem Licht sehen, dann sind Sie gezwungen, das Gute in anderen zu sehen, damit Sie die Kraft und Stärke in sich selbst finden können.

Es ist gut, dass Bezos genauso in den Nachrichten ist wie andere auch, denn die Lektionen, die er uns durch das Sezieren seiner Erfahrung und das Beobachten seiner Karriere beibringen kann, werden für große Menschenmengen von großem Nutzen sein. Einige von Ihnen können mehr von Jack Ma profitieren, andere können mehr aus dem Lernen über Albert Einstein herausholen. Meine einzige Hoffnung ist, dass mein bescheidener Versuch, eine kleine Auswahl seines interessanten

Lebens und seiner Errungenschaften zusammenzusetzen, eine Rolle dabei spielt, Ihr Leben zu berühren und es besser zu machen.

Wir alle haben eine kleine Stimme im Kopf, die Erfolg oder Chaos verursachen kann. Wenn wir diese Stimme verfeinern, wird sie uns auf Dinge aufmerksam machen, die uns in den Bereich unserer Bedürfnisse und Wünsche katapultieren. Wenn wir stolpern und auf die falsche Stimme hören, dann werden wir anfangen, auf unsere Ängste und Vorurteile einzugehen. In diesem Buch geht es nicht darum, welche Stimme Sie wählen, sondern um einen Mann, der seine Sinne so fein abgestimmt hat, dass er genau weiß, welche Stimme ihm was sagt und wann er es hören soll. Es ist nicht etwas, das in Form einer akribischen und klaren Definition daher kommt, sondern von Fehlern, Reflexionen, mehr Fehlern, Lernen und noch mehr Fehlern geprägt wurde. Schlussendlich, nachdem alle Herausforderungen überwunden, alle Probleme gelöst und alle Berge bestiegen wurden, finden wir Erfolge am Horizont und in der Morgendämmerung.

Einleitung

Lassen Sie mich zu Beginn sagen, dass Sie in diesem Buch kein schlechtes Wort über diesen Mann finden werden. Aber das liegt nicht daran, dass dieses Buch als Loblied auf den derzeit reichsten Mann der Welt geschrieben wurde.

Stattdessen ist es so geschrieben, weil wir nicht hoffen können, von einem Mann zu lernen, den wir verspotten oder bemängeln. In Biographien geht es nicht um das Thema des Buches. In Biographien geht es um die Person, die sie liest, und ihre Suche nach dem Funken, der in ihnen steckt.

Es ist jedoch leicht, sich von der sich entwickelnden Geschichte, wer die Person hinter dem Namen steckt, mitreißen zu lassen. Es wird komplex, den Mann hinter dem Unternehmen und das Gehirn hinter der Idee zu entschlüsseln. Und das ist der Grund, warum uns diese Person fasziniert – sein Charakter, seine Taten, seine Argumentation. Er ist interessant wegen seiner Leistung und der Reihe von Ideen, Entscheidungen und Handlungen, die er getroffen hat, um zu dem Punkt zu gelangen, an dem er sich gerade befindet.

Dies ist auch kein Buch über die Rechte und Unrechte, die Laster und Tugenden, oder die ethischen oder unverschämten Geschäftsbewegungen, die andere beeinflussen können oder nicht. Hier geht es um die Seele eines Mannes, um etwas zu machen, etwas zu sehen, etwas zu perfektionieren, das besser ist als alles andere bis dahin. Es gibt Dinge, die man über Bill Gates sagen kann, oder über Steve Jobs, Jack Ma, Richard Branson und jeden, der ein gewisses Maß an Erfolg erreicht hat, das über das hinausgeht, wovon die meisten anderen geträumt haben. Aber wenn man sie beurteilt, kommt man nicht weit.

Wenn es um Bezos geht (übrigens wird es „Bay-Zos" ausgesprochen, nicht „Bee-Zos"), gibt es viele, die sagen werden, dass er dies oder jenes getan hat und diese Firma oder jenes Unternehmen aus dem Geschäft gebracht hat. Ich verstehe Ihr Einfühlungsvermögen für die Gefallenen und die Unternehmen, die wegen des Aufstiegs von Amazon geschlagen und geschlossen wurden, oder die Unternehmen, die sich verkleinern mussten. Zum Beispiel „Barnes und Noble" - was besonders ironisch ist, da es ein Café von „Barnes und Noble" war, in dem Bezos und seine Kollegen sowie deren frühe Kunden und Investoren in Seattle zu Gast waren. Es sind nicht nur „Barnes und Noble", die auf eine Mauer stießen, als Amazon anfing zu steigen; es waren auch Einzelhändler wie Macy's und Nordstroms. Aber es hört nicht nur bei den Ziegel- und Mörtelfirmen in der alten Technologie auf – es sind auch Firmen betroffen, die neue Technologien nutzen: Etsy zum Beispiel hat auch schon bessere Tage erlebt.

Diejenigen von Ihnen, die Amazon und damit Jeff Bezos als böse und unamerikanisch bezeichnen (von Monopolen und so weiter), fordere ich auf, noch einmal darüber nachzudenken. Haben Sie diesen Gedanken in Ihrem Kopf gespielt – denken Sie wirklich, dass Sie darauf aus sind, die vergangenen Ikonen des amerikanischen Handels zu zerstören, weil Sie nichts Besseres zu tun haben? Nein. Das ist das Genie von Amazon und der Glanz von Bezos. Sie wollen die Landschaft revolutionieren und dabei die Vorteile der neuen Technologien genutzt.

Oder denken Sie vielleicht, dass wir es mit Gier auf Kosten anderer zu tun haben? Ich sehe keine Beweise dafür. Was ich sehe, ist eine Person, die ein Stück Technologie identifiziert hat und diese Technologie auf eine Art und Weise benutzt hat, die andere erst jetzt begreifen.

Während dieses Buch sich Ihnen öffnet, werden Sie zu verstehen beginnen, dass es zwei Seiten von Bezos gibt (wirklich aber, in diesem Fall, sind diese zwei Seiten im steifen Kontrast zueinander. Auf der einen Seite hat man einen Mann, der so technisch versiert ist, dass er den Nutzen der neuen Technologie in der Genauigkeit der Infrastruktur sieht – er ist die Art von Kerl, der einem sagen kann, warum das Raumschiff Enterprise in Warp gehen kann und warum es bei Warp 9 maximal ist – übrigens, wenn man genau hinschaut, hat Bezos einen Cameo-Auftritt als einer der Alien-Charaktere in Star Trek Beyond (das sollte man unbedingt nachschlagen). Die andere Seite von ihm ist eine, die auf philosophische Weise fast stoisch ist. Er ist einer jener Menschen, die New-Age-Autoren der Philosophie wie Taleb (Nassim Nicholas) und andere Technologiephilosophen lesen. Er ist einer jener Menschen, die den grundlegenden Faden sehen, der durch die Dinge läuft, und er kann nicht wirklich die Perspektive derer verstehen, die das nicht auch sehen. Er ist sehr intolerant gegenüber Unwissenheit.)

Seine Fähigkeit, den Platz der Technik in der heutigen Welt zu verstehen, beruht auf seinem philosophischen Denken und seinem Verständnis dafür, wie sich die Dinge entwickeln.

Bezos ist nicht in seinem Geld gefangen, wie wir es sind, und wenn Sie wirklich das Geheimnis seines Erfolges verstehen wollen, müssen Sie Ihre vorgefassten Vorstellungen von Fair Play, willkürlichen Standards von moralischem Recht und Unrecht, ethischen Standards des Geschäfts und veralteten Vorstellungen von

Wettbewerbskräften hier lassen, bevor Sie weiterlesen.

Wenn Sie das tun, versichere ich Ihnen, dass Sie die geheime Zutat finden werden, die in allen Dinge verpackt ist, die Bezos berührt. Es ist nichts für schwache Nerven.

Der beste Weg, eine Biographie (jede Biographie – nicht nur diese) zu zerhacken und zu konsumieren, ist, die Ursache und Wirkung der Handlungen einer Person zu betrachten, wie sie sich selbst und die Welt um sie herum betreffen. Wenn Sie jemanden wie Bill Gates anschauen, drehen Sie sich um und diskontieren all die Philanthropie, die er getan hat, all den Reichtum, den er angesammelt hat, und all die Vorteile, die sich aus seinem Microsoft ergeben haben? Oder betrachten Sie die möglicherweise unfaire (ich denke nicht, dass es unfair ist – aber viele, die denken, dass es so ist) Weise, dass er den Quellcode für die ursprüngliche Version von DOS erhielt? Er tat, was er tat, und veränderte die Welt nach dieser Entscheidung.

Wir sind alle die Summe unserer Entscheidungen, wie Bezos in seiner Rede vor den Kindern in Stanford während der Eröffnungszeremonie sagte – und das zu Recht. Wir müssen durch unsere Entscheidungen leben und sterben und wie sich das auf alle Dinge in unserer Schwerkraft auswirkt. Wie wir sie tun und was wir tun, ergibt sich aus diesen Entscheidungen und Entscheidungen. Wenn wir uns für den Weg entscheiden, den Menschen wie Bezos oder Gates eingeschlagen haben, dann ist das Ergebnis ziemlich ähnlich. Es ist wie beim Backen eines Kuchens, wenn man die genauen Maße und die richtige Reihenfolge und Methode befolgt, kommt man dem gleichen Ergebnis ziemlich nahe. Die Chance, dieses Ergebnis zu erhalten, besteht auch darin, ob Sie es freiwillig tun oder nur durch die Bewegungen gehen. Ich kann Ihnen aus eigener Erfahrung sagen, dass, wenn Sie durch die Bewegungen gehen, aber nicht wirklich daran glauben, dann verschwenden Sie Ihre Zeit.

Aber wenn Sie die Chance auf Erfolg ergreifen und zur Entwicklung dieser Zivilisation beitragen wollen, dann müssen Sie aufstehen und ein paar Eier zerbrechen, und Sie sollten aufmerksam beobachten, wie einige dieser Meister ihren Erfolg erreichen, damit Sie das Gleiche tun können – in Ihrem eigenen Bereich. Ich würde gerne glauben, dass Sie deshalb diese Biographie lesen.

So steht es geschrieben – nicht nur, um Ihnen schlüpfrige, saftige Fakten und Zahlen zu liefern, sondern auch, um die Knotenpunkte und Ereignisse hervorzuheben, die zu Entscheidungen geführt haben, die einen kometenhaften Weg beschritten haben. Es ist eine faszinierende Geschichte, die mich so viel gelehrt hat. Es ist eine Suche, die Raum, Zeit und Person transzendiert.

Um diese Suche zu unterstützen, wie ich bereits sagte, ist es am besten, nicht das Negative hervorzuheben oder sich auf die Fehler des Subjekts zu konzentrieren (im Wesentlichen, die Meinung und das Urteil des Themas zu behalten und nach den konstruktiven Beiträgen zu suchen). Vielmehr ist es am besten, die Herausforderungen zu betrachten, die Fragen zu stellen, die Argumentation zu verdauen und die Ähnlichkeiten zu betrachten.

Wir alle brauchen Orientierung und Klarheit, um die verschiedenen Berufungen, zu denen wir uns hingezogen fühlen, zu verwirklichen. Wir alle brauchen Ideen und wir alle brauchen Beispiele, um die Dinge zu tun, die wir gerne tun würden, aber zögern, weil wir unbewusst keinen klaren Weg vor uns haben.

Nicht alle von uns. In der Tat, nur sehr wenige von uns, die dieses Buch lesen, werden auch andere Bücher über Bezos und über andere Männer von ähnlicher Leistung lesen, werden im Anschluss etwas Erfolgreiches aufbauen, vergleichbar mit Amazon. Aber das ist nicht das, was ich mir beim Schreiben dieses Buches vorstelle. Was ich mir vorstelle, ist, dass Sie alle Ihre eigenen Funken findet und die Dinge tut, die Ihre Seele erleuchten. Für Bezos war es die Technik (dazu komme ich im nächsten Kapitel). Für Steve Jobs war es Eleganz. Für Bill Gates waren es Massenmärkte und

Technologieübernahme. Für Jack Ma war es ein Fortschritt für chinesische Unternehmen.

Sie werden nicht die Antwort auf Ihre drängenden und unbewussten Fragen des Lebens finden und wie Sie Erfolg haben, wenn Sie nur ein Buch (oder viele Bücher) über einen Mann lesen. Sie werden dem Nahe kommen, wenn Sie über viele lesen. Letztendlich liegt Ihr Erfolg bereits in Ihnen. Man kann den Erfolg einer anderen Person nicht kopieren; man kann nur den Rahmen ihres Geistes verstehen und sehen, was die Dinge ticken lässt, und dann lernen, die eigenen Kräfte in das eigene Leben einzubringen.

Vor diesem Hintergrund hoffe ich, dass Sie sich von den Fakten, Anekdoten und Analysen in diesem Buch inspirieren lassen. Ich hoffe, dass Sie Ihren eigenen Funken finden, der Sie auf die nächste Stufe treibt. Ich hoffe, dass Sie sich in Ihr volles Potential entwickeln und alles in Ihrer Schwerkraft berührt, um dasselbe zu erreichen.

***

Kapitel 1 – Ein Überblick

„Erfindungen sind von Natur aus störend. Wenn du stets verstanden werden willst, dann versuche nichts Neues."

Zum Zeitpunkt der Veröffentlichung dieses Buchs lag der Aktienkurs von Amazon bei 1.450 US-Dollar ($) pro Aktie, was einer Marktkapitalisierung von insgesamt 699 Milliarden Dollar entspricht. Damit gehört Amazon zu den 20 größten Unternehmen der Welt. So groß es auch ist, es ist noch nicht das größte Unternehmen der Welt. Dieser Titel gehört PetroChina, das mit über 10 Billionen Dollar bewertet wird – aber Dinge wie PetroChina zählen in dieser Rechnung nicht, da es sich dabei um staatliche Unternehmen handelt und somit nicht vergleichbar sind mit Amazon.

In den USA ist Amazon das viertgrößte Unternehmen mit diesen Zahlen, nur knapp hinter Apple, Google und Microsoft. Die meisten Leute würden Ihnen sagen, dass Amazon als Buchhändler angefangen hat und das war die ganze Zeit das Ziel. Ist es nicht.

Die ersten Produkte von Amazon waren zwar Bücher, aber es war nicht die Idee des Gründers, dass dies das A und O von Amazon sein würde. Er wusste von Anfang an, dass es das Nebeneinander von Technik und Nutzen war, das er nutzen wollte – nicht nur Bücher. Er dachte nicht daran, Bücher als seinen Lebensinhalt zu verkaufen.

An diesem Bild sind zwei Dinge falsch. Das erste ist, dass Bezos als Dummkopf wirft – was er nicht ist; er ist so komplex, wie Sie noch sehen werden. Zweitens sieht es so aus, als ob der Erfolg von Amazon zufällig war – das war er nicht. Er war vorher überlegt, kalkuliert und in seine heutige Form gemeißelt.

Es begann mit Büchern

Wir alle wissen, dass Amazons Erfolg mit Büchern aus Bezos Garage in Seattle begann – wohin er gerade aus New York gezogen war. Amazon war dafür am bekanntesten, und auch heute noch ist Amazon der größte Buchhändler der Welt, obwohl er sich nicht mehr als solcher bezeichnet, wie bei Geschäftsgründung 1994.

Die Entscheidung, 1994 mit Büchern zu beginnen, war, weil Bücher zufällig der einzige Artikel in Versandkatalogen waren, der sich für den Onlineeinkauf und -versand eignet. Sie werden später in dem Buch sehen, dass Bezos lange und intensiv darüber nachgedacht hatte, welches Produkt in dieser neuen Welt des Internets angeboten werden sollte, und so schaute er sich alle möglichen Waren und Dienstleistungen an, die katalogisiert und verkauft werden konnten; und er fand heraus, dass die Bücher nicht Teil des Versandhandels waren, weil es so viele Titel gab, dass niemand einen Katalog drucken und ihn an jeden Haushalt per Post schicken konnte. Das Internet löste dieses Problem natürlich, und es war der einfachste Weg, mit dem Bezos in die Welt des E-Commerce einsteigen konnte. Er hatte bereits das ideale Medium, jetzt brauchte er das perfekte Produkt – und er fand es.

Das ist nicht immer das Einfachste, wenn man darüber nachdenkt. Wir können uns zurücklehnen und sagen, dass es eine offensichtliche Wahl war, aber wenn man wirklich darüber nachdenkt, wie oft kann jemand sagen, dass er etwas angeschaut und eine Chance darin gefunden hat? Es ist das Ergebnis eines einfallsreichen Gehirns – es ist wie MacGyver in der Geschäftswelt.

Die Technologie

Denken Sie eine Minute darüber nach, und Sie werden feststellen, dass das Internet die Versandhandelswelt, die ihm vorausging, erfolgreich verdrängt hat, das Versandhandelsgeschäft aber eine riesige Industrie war. Erinnern Sie sich an die vielen Junk-Mails, die Sie in den 1990ern erhalten haben? Erinnern Sie sich an die Kataloge, die Ihr Postfach gefüllt haben? Im Mittelpunkt stand dabei der Handel. Im Mittelpunkt stand dabei der Verkäufer, der sich an einen Käufer wendet und ihn wissen lässt, dass er etwas zu verkaufen hat.

Als Amazon im Kopf dieses jungen Elektroingenieurs in den Büros eines quantitativen Hedge-Fonds-Hauses an der Wall-Street begann, war es nicht, weil er den Versandhandel für ein großartiges Geschäft hielt. Er tat dies, weil er glaubte, dass das Internet ein großartiger Verkaufskanal sei, um Millionen von Menschen zu erreichen.

Die meisten Unternehmen schauen sich ihr Produkt an und denken dann über den Vertriebskanal nach. In Ordnung. Aber niemand denkt an den Kanal und versucht dann, ihn mit Produkt zu füllen. Doch das ist das Ergebnis von Amazon.

Das ist alles, was es war – ein Einstiegspunkt; ein Keil, um das neue Vertriebsnetz zu nutzen. Es wäre, als würde man die neueste Technologie in Graphen aufgreifen und sagen: „OK, jetzt, wo ich sie habe, was kann ich tun, um sie voll auszunutzen"?

Auf keinen Fall war Amazon der erste, der versuchte, Bücher online zu verkaufen. Es gab bereits einige Internetfirmen, die begonnen hatten, Bücher online anzubieten. Und wir werden dazu kommen, aber im Moment schauen wir uns nur die bescheidenen Anfänge von Amazon an und verbinden das mit der Tatsache, dass Bezos das Potenzial des Internets als Treiber dafür sah, was Amazon tun kann, anstatt das Produkt als Treiber einer Technologie zu sehen.

Der Grund, warum wir diese Geisteshaltung zur Kenntnis nehmen sollten, ist, dass wir uns auf sie berufen können, wenn wir uns auf etwas einlassen wollen. Kennen Sie die Zeiten, in denen wir das Gefühl haben, dass wir alleine aussteigen müssen und wir das Gefühl haben, dass der 9-zu-5-Schliff uns nur zurückhält?

Neue Vorhaben

Wir neigen dazu, solche Momente zu nehmen, uns die globalen Möglichkeiten anzusehen, darüber nachzudenken, wie wir unsere Fähigkeiten einsetzen wollen, und dies dann schlussendlich umzusetzen. Das gilt für einige Leute, aber im

Großen und Ganzen ist das nicht wahr. Die größten Leistungsträger und diejenigen, die es als Milliardäre schaffen, betrachten sich nicht selbst im Spiegel und fragen: „Was ist meine Leidenschaft?" Sehen wir uns zum Beispiel Jack Ma an. Auch heute noch hat er keine Ahnung, wie man ein einfaches Programm schreibt oder einen Server anschließt. Seine treibende Kraft war es, chinesische Unternehmen auf den Weltmarkt zu bringen, und er tat dies, weil er das Potenzial sah. Er tat, was er tun musste, nicht, was er wollte. Du musst deine eigene Leidenschaft und dein eigenes Glück erschaffen. Du kannst nicht nach Lust und Laune des Schicksals und anderer sein. Stellen Sie sich den Kräften entgegen, die Sie beeinflussen würden, und Sie werden sehen, wie sich Ihre Hoffnungen, erfolgreich zu werden, erfüllen, genau wie Bezos es getan hat.

Wir scheinen den Fehler zu machen, dass wir nur das tun müssen, worin wir gut sind. Das stimmt nicht immer. Sicherlich gibt es einige Leute, die nicht die Fähigkeit haben, die Motivation aufzubringen, das zu tun, wofür sie nicht leidenschaftlich sind. Erkennen Sie sich selbst. Wenn Sie einer dieser Menschen sind, dann suchen Sie nach der Leidenschaft. Aber wenn Sie nicht zu diesen Menschen gehören, dann warten Sie nicht nur darauf, die Leidenschaft für etwas zu finden. Stattdessen finden Sie das Etwas, mit dem Sie den Unterschied machen können, und entfachen Sie dann die Leidenschaft. Lassen Sie nichts aus, nur weil Sie nicht die technischen Voraussetzungen dafür haben.

Wenn man sich Steve Jobs ansieht, war es Wozniak, der die technische Arbeit erledigte. Wenn man sich Richard Branson ansieht, wusste er bis vor kurzem nicht, wie man eine Bilanz liest. Und wenn man sich Trump ansieht, hat er das Immobiliengeschäft von seinem Vater geerbt. Es gibt keine Beweise dafür, dass man, um produktiv und letztlich erfolgreich zu sein, nur das tun muss, was man gut kann oder mag. Man kann sich von allem inspirieren lassen, wenn man sich selbst lässt.

Das Dilemma eines Unternehmers

Dies ist der entscheidende Unterschied zwischen der Art und Weise, wie wir die Unternehmen sehen, die wir zu starten hoffen, und der Art und Weise, wie Bezos Amazon sah, als es begann. Die überwiegende Mehrheit derjenigen, die die Vorstellung haben, selbst herauszukommen, denkt darüber nach, was sie tun können und ob sie an einem Strang ziehen können. Sie schauen sich an, was Sie gut können und hoffen, dass es mit dem Markt zusammenpasst. Den Menschen wird jeden Tag geraten, eine Nische zu finden, die sie lieben, und das zu tun.

Für Bezos war der Verkauf von Büchern eher eine Möglichkeit, die Vorteile dieser neuen Technologie voll auszuschöpfen, die es einem Unternehmen (jedem Unternehmen) ermöglichen könnte, jeden Menschen auf der Welt zu erreichen und zu berühren. Und um das tun zu können, wollte er wirklich alles an jeden und alles an jeden verkaufen. Aber wie bei allen klugen und kontrollierten Köpfen wusste er, dass er das am ersten Tag nicht tun konnte. Also suchte er sich Bücher aus und nutzte das perfekte Produkt, um die Technologie zu entwickeln und diese dann in neue Bereiche einzuführen.

Es gibt eine Reihe von Gerüchten darüber, dass er nur daran interessiert war, Bücher zu verkaufen, und dass der Rest von Gier handelte. Es gibt auch die andere Seite dieser Münze, die besagt, dass er gesehen hat, wie gut die Bücher waren und dann mehr verkaufen wollte. Nein. Er wusste, dass er alles verkaufen wollte, und er nutzte das Internet, um genau das zu tun.

Endlich: Der Start

Bezos gründete das Unternehmen im Juli 1994 und begann seine Venture Capital Runden etwa zur gleichen Zeit – und zwar etwas früher. Er stellte eine 6 Million Dollar Investment-Schätzung auf, die ursprünglich von den meisten Investoren kritisch gesehen wurde, aber Bezos hielt an seiner Schätzung in den meisten Fällen fest. Es gab einige strategische Personen, für die er bereit war, die 6-Millionen-Dollar-Bewertung zu ändern und 5

Millionen Dollar daraus zu machen. Aber er tat dies mit offenen Augen. Bezos hat eine hartnäckige Ader, die nicht leicht zu erreichen ist, und das muss man auch haben, wenn man etwas bauen will.

Wenn ich Ihnen sagen würde, dass die Gewinnzahlen ABC123 sein werden, würden Sie etwas anderes akzeptieren, wenn Sie den Kauf tätigen würden? Würden Sie mit Ihren Forderungen hart bleiben, wenn der Sachbearbeiter Ihnen sagt, dass Sie eine andere Nummer nehmen sollen? Oder wenn er Ihnen sagte, dass die Maschine nicht funktioniert? Würden Sie nicht alles in Ihrer Macht Stehende tun, um sicherzustellen, dass das die Zahlen sind, die Sie bekommen haben? Warum? Weil Sie sich des Ergebnisses sicher waren, wenn Sie bestimmte Dinge getan haben – in diesem Fall machen Sie den Kauf des Tickets mit dieser Nummer. Sie könnten sich nicht beeinflussen lassen, und dafür werden Sie vielleicht stur genannt. Waren Sie dickköpfig oder haben Sie nur das getan, wovon Sie absolut überzeugt waren? So geht Bezos bei jeder seiner Entscheidungen vor. Seine Gewissheit macht ihn unnachgiebig, was er zu tun hat, und er akzeptiert von niemandem weniger, geschweige denn von sich selbst.

Dies ist eine Art wiederkehrendes Thema in diesem Buch, denn es ist auch ein wiederkehrendes Thema in Bezos' Leben und in der Art und Weise, wie

Amazon gebaut wurde und auch heute noch funktioniert.

Hartnäckigkeit, die sich auszahlt

Sie werden immer wieder sehen, wie stur er sein kann, aber seine hartnäckige Ader wird nicht aus einem übergroßen Ego geboren. Weit gefehlt. Seine hartnäckige Ader kommt daher, dass er genau weiß, was er zu einem bestimmten Zeitpunkt will. Er wird von dem Bild in seinem Kopf angetrieben, und dieses Bild diktiert seine Fähigkeit, das zu tun, was im Moment notwendig ist. Es gibt viele Leute, von denen ich gehört habe, die diese Art von Verhalten verunglimpfen und sagen, dass er gemein ist oder keine Geduld hat. Sie sagen dasselbe über Steve Jobs und sogar Bill Gates.

Was Sie verstehen müssen, wenn es um diese Männer geht, ist, dass sie nicht taktlos oder arrogant auf persönlicher Ebene sind; sie sind intolerant gegenüber Abweichungen in den heutigen Handlungen (oder deren Fehlen), weil sie sehen, dass die Abweichung hier eine Abweichung im endgültigen Bild verursacht, das sie in ihrem Kopf sehen – und das ist für sie inakzeptabel.

Die meisten von uns Sterblichen haben einen vagen Sinn für Ursache und Wirkung. Wir wissen, dass, wenn wir Feuer berühren, wir verbrannt werden. Wir wissen, wenn wir Junk-Food essen, werden wir ungesund. Wir verstehen den oberflächlichen

Aspekt von Ursache und Wirkung, aber im Falle von Bezos ist er sich der Dinge, die er zu tun hat, sehr wohl bewusst und weiß genau, wie er das zu tun hat, was getan werden muss, um es zu bekommen, und erkennt dann, dass die Ergebnisse unvermeidlich sind.

Er wurde nicht mit dieser Fähigkeit geboren. Niemand ist es. Wir haben einiges davon vielleicht von Natur aus zur Verfügung, aber der Großteil davon kommt von Fehlern. Der Großteil davon kommt davon, wenn man lernt, sich selbst aufzuheben und dann zu dem zurückzukehren, was man sich vorgenommen hat. Bezos, genau wie die anderen Leistungsträger der Welt, schätzt die Kampfnarben, die er von seinen Fehlern bekommt.

Denken Sie eine Minute lang anders darüber nach. Nehmen wir an, Sie wussten ohne jeden Zweifel, dass, wenn Sie sich auf der Silvesterparty betrinken und es draußen einen Schneesturm gibt, es eine gute Chance gibt, dass Sie es nicht nach Hause schaffen. Einige von uns umgehen diese Chancen und geben auf. Diejenigen, die dies tun, tun es, weil sie entweder kein optimales Vertrauen in ihr Wissen über die Dinge haben, oder sie überlassen die Kontrolle dem „Glück". Die Bezos der Welt machen ihr eigenes Glück und geben die Kontrolle an nichts und niemanden, schon gar nicht an etwas Willkürliches ab.

Endlich Online

Amazon wurde im Juli 1995 eröffnet und ist seither schnell gewachsen, ohne dass bereits in der Anfangsphase ein großer Werbebedarf bestand. Konventionelle Weisheit hätte Ihnen damals gesagt, dass massive Werbung erforderlich war – jetzt ist es wichtig, dass Sie Ihre 1995er Mütze aufsetzen, um an konventionelle Geschäftsweisheit zu denken.

Wenn Sie sich ein Unternehmen angesehen und gesagt haben, dass Sie anfangen wollen, wird Ihr Unternehmensberater seine Vorlage auspeitschen und Sie fragen, auf welchen Markt Sie sich konzentrieren wollen – und er würde das sowohl in geografischer Hinsicht als auch demografisch bedeuten. Wenn Sie die uneingeschränkte Frechheit hätten, ihm zu sagen, dass Sie erst in ganz Amerika und danach im Rest der Welt verkaufen wollen, würde er packen und Ihnen sagen, dass Sie verrückt sind. Das war in den Tagen vor Amazon und dem Internet der Fall.

Für die von Ihnen, die nicht aus erster Hand Erfahrung des Risikokapitalmarktes in den frühen 90ern haben, war das Erhalten finanziert nicht ein gegebenes, gerade weil Sie eine Technologiefirma waren – Geschichten der Technologieluftblasen, des preiswerten Geldes und der Verrücktheit des 90s ungeachtet. Nur weil Sie eine Idee hatten, heißt das nicht, dass Sie eine Investition haben. Und obwohl die Bewertungen der 90er Jahre zu enthusiastisch waren, waren sie für Internetfirmen und nicht für Buchhandlungen – was Amazon im Grunde genommen am Anfang war.

Der Grund, warum ich das erwähne, ist, um die Grausamkeit der Gegenwinde zu veranschaulichen, mit denen man konfrontiert wird, wenn man versucht, in den Augen von Private Equity-Führungskräften und dem typischen Risikokapitalgeber so ehrgeizig zu sein. Es ist eine gute Sache, dass er sehr sympathisch war und dass er im Geschäft war, also kannte er Leute, die bereit waren, ihm ein Ohr zu geben.

Als Amazon das erste Mal auf die Beine kam, sogar in den frühen Stadien, und die jetzt bekannten Geschichten von ihm, wie er an einem Laptop knallte und den Businessplan ausarbeitete, als sie von Texas nach Washington fuhren, ging es darum, die erste Million zu erhöhen. Ohne Startkapital war die Idee nicht im Begriff, irgendwohin zu gehen.

Investoren-Pitch

Als er anfing, den Pitch zu machen und mit VCs, Engeln und sogar PE-Firmen zu sprechen, wurde schnell klar, dass es ein harter Kampf war. Er sprach von 6 Millionen Dollar an Vorgeldern (Vorgeld ist das, was man die Bewertung eines Unternehmens nennt, bevor man in Betracht zieht, was das Unternehmen mit der Investition machen könnte). Das bedeutete also, dass die Suche nach einer Million Dollar die Bereitschaft erforderte, sich von einem Sechstel seiner damaligen Aktien zu trennen.

Aber die eine Sache, die viele der Investoren, die Bezos damals trafen, Ihnen sagen würden, ist, dass er ein sehr netter junger Mann war. Sie dachten, er sei so schlau wie eine Peitsche und so begeistert, wie man es sich nur vorstellen kann. Wo die Spaltung zwischen ihnen stattfand, war seiner Meinung nach, wohin er sicher war, dass Amazon gehen würde, und ihre Wahrnehmung der Dinge. Rückblickend hatte er Recht.

Nun, sie hatten beide Recht. Bezos wusste genau, wohin das Unternehmen ging und was getan werden musste, um das Potenzial in die Realität umzusetzen. Was er nicht wusste, war, wie viel Geld es am Ende wert sein würde. Seine Perspektive war nicht so sehr das materielle, sondern der immaterielle Erfolg. Bezos hat nicht den Fehler gemacht, den viele machen – sie verwechseln Belohnung und Geld mit Erfolg. Geld und Belohnung sind zwar die greifbaren Merkmale des Erfolgs, aber sie sind nicht der Erfolg an sich – die zugrundeliegende Leistung ist es. Bei Bezos ging es immer um die Leistung.

Der Weg des externen Investors war nicht so glatt, und so kam es, dass er den größten Teil des Saatguts, das er brauchte, von Freunden und

Familie nahm. Er wandte sich an zwanzig seiner Freunde und Familie, wie Sie später im Detail sehen werden, und sammelte 50.000 Dollar pro Stück im Gegenzug für weniger als 1% des Unternehmens. Wenn sie das bis jetzt beibehalten würden, wären diese 50.000 Dollar 5 Milliarden Dollar wert (das sind 100.000 mal mehr im Laufe von 24 Jahren.) Ich glaube nicht, dass viele der ersten Investoren so lange geblieben sind. Immerhin hat das Unternehmen seinen Anteil an Höhen und Tiefen. Aber der Vergleich sollte Ihnen eine Vorstellung davon vermitteln, welchen Wert Bezos aus einem Geschäft zog, das in einer Garage mit zwei Autos begann und Bücher an einer alten Tür erhielt und versandte, die sie als Tisch benutzten. Das war 1995.

Als das Jahr 1997 kam, in dem sie an die Börse gingen, hatte dieser aus dem Nichts kommende Emporkömmling einen Umsatz von 148 Millionen Dollar. Um das in Zusammenhang zu bringen, liegt der durchschnittliche Startup, wenn er umsatzpositiv ist, in den ersten Jahren zwischen 40.000 und 50.000. 7 von 10 Unternehmen schaffen es zu ihrem zweiten Jahrestag, 5 von den ersten 10 schaffen es zu ihrem fünften, 3 zu einem Jahrzehnt und nur 2 gehen darüber hinaus. Wenn man das relativiert, muss man erkennen, dass die 148 Millionen eine große Sache sind, aber es ist nicht das ganze Bild, denn zu diesem Zeitpunkt waren das nur Einnahmen, und unter dem Strich waren sie immer noch in den roten Zahlen und verbrannten die ursprüngliche Investition, die sie getätigt hatten.

Sie müssen diese Einnahmezahlen sehen, wie sie waren. Bezos sah sie als Rechtfertigung, aber er wusste auch, dass sie noch lange nicht begonnen hatten – zumindest in der Vision seines eigenen Geistes. Man kann es sich so vorstellen, die ersten Jahre und die ersten paar hundert Millionen Einnahmen waren wirklich der Weg, um die Natur des Marktes, die noch niemand zu verstehen versucht hatte, herauszukitzeln. Es gab eine Bewegung in Richtung zum on-line-Handel, und es gab sogar eine vorherige Buchhandlung, die online begonnen hatte, aber der Unterschied zwischen dieser Buchhandlung und Amazonas war, dass die erste Buchhandlung gerade über Bücher sein wollte. Sie wollten Bücher leben und atmen – wie „Barnes und Noble" in der Backstein- und Mörserwelt; während Amazon gerade erst mit Büchern anfing, waren sie nicht sein Endspiel.

***

Kapitel 2 – Triff Jeff Bezos

„Menschen, die meist Recht haben, sind Menschen, die ihre Meinung oft ändern."

Bei Amazon geht es nicht um Bücher. Es geht nicht um einen Marktplatz, und es geht nicht um Merchandising. Es sind all diese Dinge, ja. Das muss es sein. Aber der Amazonas, den Bezos klar in seinem Kopf sieht, ist der Einsatz von Technologie, um die entferntesten Herzen und Köpfe zu berühren; um Distanz und Kultur zu überwinden und die Technologie dazu zu nutzen.

In diesem Buch nehmen wir eine Menge Immobilien und bauen die Geschichte von Amazon zusammen mit der Geschichte seines Gründers. Warum? Denn ein echteres Verständnis eines Menschen kann nicht ergründet werden, wenn man seine Schöpfung betrachtet. Sie werden die akribische Natur des Menschen in der Sorgfalt sehen, mit der er die Kanten glättet; Sie werden die Vorahnung des Menschen in der Voraussicht sehen, die er auf seinen Entwurf anwendet; Sie werden die Empathie eines Menschen in der Weise sehen, wie seine Schöpfung den Rest der Welt beeinflusst, und Sie werden das Genie des Menschen in der Weise sehen, wie er sich den Problemen nähert und sie löst, die unvermeidlich auf dem Weg zum Erfolg entstehen. Man sieht sogar die Integrität des Mannes in den Fehlern, die er macht, und in der Art und Weise, wie er sie belohnt.

Er sagte es vom ersten Tag an – dass es bei Amazon darum geht, alles an alle zu verkaufen und er meinte es ernst (Sie wissen, dass der Smiley auf dem Amazon-Logo – haben Sie bemerkt, dass es ein Pfeil ist, der von A bis Z geht – das war kein Zufall).

Die Querung des Hudson Rivers

Als er den Hudson von New York nach Jersey auf seinem Weg nach Texas überquerte, hatte er bereits beschlossen, dass er sein Unternehmen in Seattle gründen würde, weil die dortige Steuerstruktur es ihm nützen würde, da er in die ganze Welt verkaufte. Nichts davon ist ein Zufall. Alles, was mit Bezos und um ihn herum geschieht, wird mit der Gewissheit eines Wahrsagers, der die

Zukunft gesehen hat, geschrieben, methodisch durchdacht und umgesetzt. Der einzige Unterschied ist, dass Bezos die Zukunft nicht sehen muss; er weiß, dass es passieren wird, weil er aufsteht und etwas dagegen unternimmt.

Diese Eigenschaft ist keineswegs einzigartig für Bezos. In meinem Bestreben, die Bemühungen und Gewohnheiten erfolgreicher Menschen zu verstehen und aufzuzeichnen, gibt es eine Reihe von Merkmalen, die sich ständig von jedem Einzelnen abheben. Jeder einzelne der Menschen, die ich studierte, hatte diese besondere Eigenschaft – sie alle kannten die Zukunft – sie alle wussten, dass die Kette von Ursache und Wirkung immer präzise war und ihre Prinzipien nie nachgaben. Sie wussten, dass die immaterielle Inspiration und der materielle Aufwand, den sie mit Konsequenz, Grausamkeit und Gewissheit erzeugten, genau das ergeben würden, was sie sich vorgestellt hatten. Das war ihre geheime Sauce.

Denken Sie an Edison, Einstein, Newton und viele andere – ihre Leistungen haben die Welt verändert. Sie sind nicht anders als Bezos, Gates und Jobs. Sie alle hatten eine Vision, die sie verfolgten und erreichten.

Für Bezos war die eine Sache, die er auffallend mehr als die meisten anderen zeigte, die Klarheit und Sicherheit des Sehens. Aber dann war da auch noch seine Intelligenz, zu entschlüsseln, was er tun musste und es dann zu tun.

Es ist, als hätte man eine Inspiration, ein Raumschiff zu erschaffen, um in den Weltraum zu fliegen, weil man die Vorteile deutlich sehen kann, dann nutzt man seine Intelligenz und Ressourcen, um es zu verwirklichen. Sie sind zwei getrennte Dinge – Inspiration auf der einen Seite, Anstrengung auf der anderen.

Er war vielleicht nicht der erste, der die Nutzung des Internets zur Überbrückung der räumlichen Kluft zwischen Käufer und Verkäufer gesehen hat, aber er war sicherlich einer der widerstandsfähigsten, einfallsreichsten und enthusiastischsten Menschen, die dies taten.

Ende 2017 krönte die Welt Jeff Bezos zum reichsten Mann der Welt, basierend auf dem Aktienkurs seines Unternehmens. Im Jahr 2018, nur wenige Tage vor Drucklegung dieses Buches, wurde seine Position weiter gefestigt, als die Boulevardzeitungen und Wall-Street-Wächter feststellten, dass Jeff Bezos heute der reichste Mensch der Welt ist. Sein Vermögen übersteigt sogar das von Rockefeller, Carnegie, Astor, Gates und Buffett. Er ist nicht nur der reichste Mann im Vergleich zu allen Menschen heute, wenn man alle reichen Menschen in der Vergangenheit genommen hat, er ist auch reicher als sie.

Erinnern Sie sich, ich erwähnte früh, dass der Zweck dieses Buches nicht ist, über den Reichtum des Reichtums eines Mannes zu staunen, aber den Reichtum seiner Seele zu verstehen – der Grund, den er zu diesem Punkt gegangen ist und die Beiträge gebildet hat, die er tat und die Zahl Leben berührt zu haben, die er hat.

Für diejenigen von euch, die Bezos nicht kannten und wo sein Reichtum herkommt, ist Amazon nur der Anfang des nächsten Kapitels. Die Wall-Street sieht die aktuelle Berechnung von 700 Milliarden nicht als Wendepunkt. Übrigens, meine Meinung über die Aktie ist und sollte nicht als Anlageberatung oder Aktienpromotion verstanden werden – ich spreche von Amazon im Zusammenhang mit Jeff Bezos und wie gut er sich seit seinem Start vor 23 Jahren gemacht hat. Sie sollten mit Ihrem Broker oder Anlageberater sprechen, wenn Sie Investitionen planen. Dasselbe gilt für alle anderen Titanen der Industrie.

Die ersten Kapitel bis zu diesem Punkt sind wirklich darauf ausgelegt, das Mauerwerk für das, was später kommt, zu verlegen. Wir werden den Rest des Buches auf das Wie, das Warum und die Argumentation aufbauen, so dass es uns etwas Nachahmenswertes gibt, anstatt etwas hohles zum Glotzen.

Einige der erfolgreichsten Unternehmen, die Sie sich vorstellen können, wie Google (Alphabet Inc.),

Apple, Microsoft und Alibaba haben Marktkapitalisierungen (der Gesamtwert aller ihrer Aktien zum aktuellen Aktienkurs) von 770 Milliarden, 824 Milliarden, 710 Milliarden und 480 Milliarden Dollar; Amazon ist 700 Milliarden. Das stellt es in Zusammenhang mit den anderen großen Namen in der heutigen Geschäftswelt. Aber das Interessanteste ist, dass dieselben fünf Unternehmen, Google, Apple, Microsoft, Alibaba und Amazon, eine andere Geschichte erzählen, wenn es um PE-Verhältnisse geht. Nun, denken Sie daran, es geht nicht darum, ob das eine besser ist als das andere oder ob Amazon besser oder schlechter ist als die anderen. Es zeigt den Wert des Unternehmens an und ob es von vorne oder von hinten geladen ist. Die PE-Kennzahlen sind nur das Verhältnis zwischen dem Kurs der Aktie und den jüngsten Gewinnen, die sie erzielt haben. Angenommen, Sie haben ein Unternehmen XYZ, das 1 Dollar pro Aktie verdient und der Preis der Aktie ist 10 Dollar, dann hat es ein PE-Verhältnis von 10. Der Preis beträgt das Zehnfache des Gewinns. Sie können auf Anhieb sagen, dass, wenn der Markt denkt, dass dieses Unternehmen viel Potenzial hat und dass es in Zukunft mehr verdienen wird, der Aktienkurs steigen wird und, da die Gewinne nicht aufgeholt haben, der PE steigen wird. Wenn ich denke, dass alles, was das Unternehmen zu bieten hat, in der Gegenwart ist, dann wird mein Aktienkurs so viel näher an zu Hause sein. Google handelt 37 Mal, Alibaba 46 Mal,

Apple 17 Mal, Microsoft 62 Mal und Amazon 230 Mal.

Unterbewertet oder überbewertet ist hier nicht der Punkt. Was ist, ist, dass dieser Aktienkurs ein Unternehmen widerspiegelt, das zukunftsorientiert ist – genau wie Jeff Bezos es von Anfang an gesagt hat. Er ist nicht der Typ Mensch, der die Zukunft opfert, nur damit er in der Gegenwart eine Form der Stabilität annehmen kann. Als er mit seiner Sechs-Millionen-Dollar-Bewertung stand, sagte fast jeder, mit dem er in der VC-Community sprach, dass sie zu hoch sei. Das Problem war damals offensichtlich. Sie kamen nicht umhin, es als Buchhändler zu sehen – und ein Startup dazu, Jahre hinter den Barnes und Nobles, Waldenbooks und dergleichen der Welt. Niemand konnte die wahre Natur der Vision sehen, die Bezos hatte. Aber das hat ihn nicht abgeschreckt. Er hat nicht zurückgeschreckt und seinen Plan überdacht. Einerseits würde er es nicht tun, andererseits würde Mackenzie es nicht erlauben.

Was in den frühen Tagen des Internets als elektronisches Schaufenster zum Verkauf von Büchern begann, katapultierte sich in eine der größten Online-Handelsplattformen der Welt und veränderte die Art und Weise, wie jeder Verbraucher über den Konsum denkt und wie jeder Einzelhändler, Hersteller und Geschäftsinhaber über das kommerzielle Ökosystem denkt.

Bezos war sicherlich als Kind intelligent, aber wenn sich das Buch entfaltet, werden Sie feststellen, dass seine Intelligenz, oder wie manche es seinen „Geek-Faktor" nennen, nicht das einzige Element im Kern seines Erfolgs ist. Sicher, es spielte eine Rolle, aber es war nur eine Facette eines facettenreichen Lebens, das er aufgebaut, geatmet und gelebt hat. Es ist nicht nur die Vision, die er hatte, oder der Antrieb, den er hineingelegt hat. Es waren auch die Dinge, die er tun musste, um die Öffentlichkeit dazu zu bringen, eine ganz neue Art zu handeln. Seine Fähigkeit, eine Vision zu sehen und die Realität um andere herum zu verändern und so zu verpacken, dass sie sie auch sehen, ist ebenfalls ein legendärer Aspekt von Bezos. Wie sonst würden Sie Tech-Experten überzeugen, Kalifornien zu verlassen und nach Washington zu kommen, um in einer Garage für ein Startup zu arbeiten? Wie sonst würden Sie die Leute überzeugen, von Ihnen zu kaufen? Wie sonst würde man eine Gruppe von Leuten dazu bringen, eine Million Dollar zu investieren? Wie sonst würden Sie intelligente Finanzleute wie Joy Covey dazu bringen, nach Westen zu kommen, um den IPO-Prozess anzuführen?

Das Warum liegt in seiner Natur und seiner sprudelnden Persönlichkeit – das berühmte Lachen, sein einzigartiger Gang und seine totale Fähigkeit, sich auf denjenigen zu konzentrieren, der mit ihm spricht. Obwohl man das heutzutage nicht mehr sagen kann – denn er sieht aus, als würde er das Gewicht der Welt tragen. Aber damals war er gesellig, freundlich und klug, ohne ein Besserwisser zu sein. Leute, die ihn trafen, mochten ihn, hatten Vertrauen in ihn und vertrauten ihm. So überzeugte er im Alleingang fast zwei Dutzend Menschen, sich von einer Million Dollar für ein Sechstel eines Unternehmens zu trennen, das Bücher über das Internet verkaufte.

Ich muss dies nutzen, um die Schwerkraft des Punktes seiner Freundlichkeit und Glaubwürdigkeit wirklich zu machen. Einer der ersten Engel-Investoren, die an Bord kamen, war eine Investmentgruppe, die aus ein paar Freunden bestand, die keine Ahnung hatten, was das Internet war. Sicher, für uns ist das Internet heute etwas, das allgegenwärtig ist, und wir machen uns keine Gedanken über Online-Einkäufe. Letzten Monat hat meine Familie fast alle unsere regulären Einkaufsartikel online gekauft. Vor einem Vierteljahrhundert gab es nicht viel, was man online bekommen konnte, da die Web-Technologie im Entstehen begriffen war. Es schien eine Erweiterung eines Versandhauses zu sein. Wenn Sie jemandem gesagt hätten, dass es ein Versandhandel ist, würde er es verstehen. Sie wussten, dass Sie einen Katalog abgeholt, eine gebührenfreie Nummer gewählt und dann Ihren Einkauf getätigt haben. Das waren die Begriffe, die sie verstanden.

E-Commerce komplizierte Dinge. Um das gleiche zu tun, brauchten Sie jetzt einen Computer, und Sie mussten sicherstellen, dass er ein Modem hatte, und Sie mussten sicherstellen, dass Sie Internet-Service hatten. Also, für jemanden, der über Katalogbestellungen Bescheid wusste, war das zu viel Mühe. Es gab so viel andere Infrastruktur, dass ein Käufer in der Lage sein musste, Teil der E-Commerce-Revolution zu sein. 1994 gab Amerika mehr als 60 Milliarden Dollar für Versandhandelsprodukte aus. Der erste E-Commerce-Verkauf – wo der Artikel online gekauft wurde, war zufällig eine Sting-CD (für die jüngere Generation Millennials – Sting ist ein Künstler und eine CD ist, wie wir Musik gespeichert haben). Das geschah 1994 – genau zu der Zeit, als Amazon sich bereit machte, auf die E-Commerce-Plattform zu springen.

Da E-Commerce nur ein kompliziertes Katalog-Shopping ist, muss es einen zusätzlichen Anreiz gegeben haben, der es profitabel erscheinen lässt – wenn man den inhärenten Widerstand bei der Einführung neuer Technologien lösen könnte. Bezos musste schließlich herausfinden, wie es funktioniert. Und das tat er. Und wenn man den Amazonas-Campus in der Innenstadt von Seattle besucht, gibt einem die Plakette, die dort hängt, einen Einblick in seine Perspektive – 25 Jahre später glaubt er immer noch, dass das Internet und das technologische Kolossal, das es ist, nur der

Anfang ist. Seine vorausschauende Sichtweise und seine Fähigkeit, das in Dollar umzuwandeln, sind der Grund, warum Amazon ein 230-faches Vielfaches des Aktienkurses genießt.

Also, für diejenigen, die denken, dass es eine einfache Entscheidung war, in den Online-Shopping – denken Sie noch einmal – es gab sie nicht, und seine bestehenden Wettbewerber war der Versandhandel. Das zu nehmen und zu versuchen, jemanden davon zu überzeugen, sich von Geld als Investition zu trennen, war ein harter Kampf. Es dauerte ein Jahr, bis Bezos versuchte, Freunde, Familie und Fremde davon zu überzeugen, das Geld zu bekommen. Es gab zwei Arten von Herausforderungen. Das erste war, dass er erklären musste, was das Internet war und wie er profitabel sein konnte. Das ist die Gruppe von Menschen, die den gleichen Bezugsrahmen wie seine Eltern hatten. Sie hatten keine Ahnung, was das war, aber sie vertrauten ihm. Die zweite Gruppe war die Art, die das Internet verstand, aber mit der „reichen" Bewertung nicht einverstanden war. Er musste beides schaffen, und er musste es gemeinsam tun.

Seine reiche Bewertung war nicht der Stoff der Träume. Er verstand klar, dass das Internet die Art und Weise verändern würde, wie die Einzelhandelswelt funktioniert. Es würde eine bessere Effizienz und geringere Kosten ermöglichen. Sein Businessplan berücksichtigte das meiste davon – aber nicht alles. Bei Amazon sind heute eine Reihe von Technologien im Einsatz, die zum Zeitpunkt des Einschaltens noch nicht verfügbar waren. Dennoch reichte die rohe Vernetzung des Internets aus, um Bezos erkennen zu lassen, dass die signifikanten Skaleneffekte und die reduzierten Kosten den Effekt hatten, das Einzelhandelsparadigma zu ändern und die Kluft zwischen Katalogverkauf und Ziegel- und Mörteleinkauf zu verbessern und zu überbrücken.

Er war sich bewusst, dass der Online-Handel eine Mammutaufgabe vor sich hatte. Es musste die Anziehungskraft des Versandhandels, der sich auf Papierkataloge, TV-Promos und Infomercials mit den relativ statischen Produkten, die der Online-Shop zunächst haben würde, stützen. Doch was sie in Impulskaufbüchern ausgleicht, die nicht in einen Printkatalog aufgenommen werden konnten, weil sie zu einem gewaltigen Informationsaufkommen führen würden, erwies sich als größer als das New Yorker Telefonbuch.

Wir werden auf die Faktoren eingehen, die zu all dem beigetragen haben, während wir uns durch dieses Buch schälen, aber einen Stift in diesen Faktor stecken, da es ein wichtiges Thema in seinem Leben ist, in der Art, wie er sich selbst sieht, die Welt um ihn herum wahrnimmt und auf seinen Platz darin verweist.

Einer der blendenden Faktoren beim Verständnis von Bezos ist auch der Grund, warum wir über ihn sprechen. Es ist blendend, weil der Reichtum, der den Mann beschreibt, nicht seine Fähigkeiten und seinen Charakter definiert. Es ist blendend, weil der Reichtum zu Publicity führt und die Verbreitung des öffentlichen Bewusstseins einen Prominentenstatus verleiht. Da alle Berühmtheit Bewunderung geht, wird die Person, was der Name symbolisiert und die Phantasie verdeckt die Essenz. Bei der Planung und Erstellung dieses Buches habe ich mich bewusst bemüht, diesen unbeabsichtigten Fehltritt zu vermeiden.

Bezos ist ein harter Mann. Er ist hart mit Fakten und hart mit Ergebnissen. Er ist sehr konzentriert und glaubt an die Kraft des Denkens. Er glaubt auch, dass, wenn man nicht denkt, man das Problem nicht lösen kann, das eine Lösung braucht, und er ist in dieser Hinsicht unversöhnlich.

Es gibt zahlreiche Anekdoten von Menschen, die die Geschichten über sein Temperament gehört haben und sein Verhalten natürlich als arrogant bezeichnen. Es ist verständlich, arrogant zu wirken, wenn man fokussiert ist, oder abrupt zu wirken, wenn man es eilig hat. Bezos ist beides. Er ist konzentriert und hat es eilig. Er ist nicht auf die Feinheiten, die sich viele Menschen leisten, andere, die nicht bis zu ihrem Ende des Gesprächs leben.

Ich verstehe diese Eigenschaft zu gut. Ich sah das jeden Tag meiner Kindheit, als ich mit meinem Vater aufwuchs. Was mich als Kind in den Wahnsinn trieb, war seine ständige Unfähigkeit, den geringsten Fehler bei anderen zu akzeptieren – besonders bei mir. Aber als ich älter wurde, verstand ich, dass es zwei Arten von Arroganz in dieser Welt gibt. Die eine ist die Arroganz, die versucht auszustellen und zu vermitteln, wer der Boss ist – dem Ego zuliebe. Der andere wirkt arrogant, weil er nur das Beste verlangt. Wollen Sie wissen, wie man den Unterschied erkennt? Sie sehen, ob sie das auch von sich selbst verlangen. Wenn sie andere nur anschreien und anschreien, aber das nicht auf sich selbst anwenden, dann ist das gefälschte Fähigkeit und wahre Arroganz. Wenn sie jedoch das Beste von Ihnen und nicht weniger von sich selbst verlangen, dann verstehen Sie, dass die scheinbare Arroganz von der Hartnäckigkeit kommt, die Aufgabe zu erfüllen und die Arbeit zu erledigen. Es stellt sich heraus, dass mein Vater nicht nur das Beste von mir verlangte, sondern noch mehr von sich selbst, und ich sehe in allem, was Bezos tut, das gleiche Kaliber an Forderungen.

Ein tiefer Einblick

Um den Erfolg des Mannes zu verstehen, müssen wir ihn als das sehen, was er ist, und obwohl seine Belohnungen und Erträge ein Teil davon sind, ist es nicht alles. Dieser Reichtum ist sicherlich nicht von vornherein aufgeladen, sondern steht am Ende von Entscheidungen, Entscheidungen, Misserfolgen, Anstrengungen, Schmerzen und unerbittlicher Verfolgung. Das sind die Dinge, die den Mann ausmachen. Das wollen wir lernen. Aber ich kann verstehen, dass es einen wahnsinnig neugierigen Eifer gibt, der gerade jetzt durch die Leserschaft hallt und sie alle wissen wollen, was die geheime Sauce im Geld-Burger war. Ich verstehe das. Aber es kommt vor, dass es keine geheime Formel gibt, die man wie ein Rezeptbuch befolgen kann, um diese Sauce in die gleiche Textur, den gleichen Geschmack und die gleiche Konsistenz zu bringen. Es braucht eine Nachbildung dessen, was im Inneren vor sich geht, Inspiration aus dem Universum von außen und Schweiß und Mühsal von herkulischem Ausmaß. Das ist einfach ausgedrückt. Aber der Teufel steckt im Detail und wie man das sieht, das ist es, was wir hier tun. Aber bevor wir es so sehen können, sollten wir das grelle Bling aus dem Weg räumen.

Wenn wir auf all das Bling verzichten, können wir ihn, seine Entscheidungen und seine Handlungen betrachten, ohne die Ablenkung der Ablenkungen.

Der Blick hinter den Reichtum

Ich verstehe schon. Es ist nicht einfach, den zwölfstelligen Reichtum zu ergründen, während wir uns mit den verschiedenen finanziellen Herausforderungen und den Prioritäten auseinandersetzen müssen, denn nicht alles, was wir erreichen wollen, passt in unser fünf-, sechs- oder sogar siebenstelliges Einkommen. Es fühlt sich fast an wie das Einreiben von Salz in eine Wunde. Aber Sie sollten diesen Schmerz zulassen. Sie sollten diese Verbrennung spüren und dann aufstehen und etwas dagegen tun. Was Sie nicht tun sollten, lassen Sie sich davon bloß ablenken.

Wir werden von den Milliarden und Billionen auf den Finanzmärkten der Welt so überflutet, dass die meisten von uns in dieser Generation immun und gleichgültig gegenüber dem sein können, was hundert Milliarden sind. Es gibt viele Möglichkeiten, wie wir das aufschneiden können. Einhundert Milliarden Dollar haben eine beträchtliche Kaufkraft. Damit kann man fast alles machen. Sein Reichtum ist größer als ⅔ der einzelnen Länder der Welt. Wie ist das für die Größe? Wir sprechen nicht mehr von der Möglichkeit, erstklassige Fahrzeuge oder wahnsinnig große Villen zu kaufen. Diese Menge an Reichtum ist eigentlich nutzlos, wenn man sie im Hinblick darauf betrachtet, was man für den persönlichen Konsum kaufen kann.

Denn wie viele Autos können Sie gleichzeitig zur Arbeit fahren? Eins, genau wie Sie und ich? In wie vielen Betten können Sie jede Nacht schlafen? Eins, genau wie Sie und ich. Wie oft kann man an einem Tag einkaufen gehen? Wie Warren Buffett kürzlich in einem Interview sagte: „Geld hat keinen Nutzen mehr für mich." Wenn man so viel davon hat, ist es im materialistischen Sinne nutzlos.

Ich erinnere mich, dass ich mein drittes Fahrzeug mit dem Gedanken gekauft habe, dass es Spaß machen würde, Autos zu wechseln und etwas, das ich in der Freizeit fahren könnte. Nach drei Jahren hatte ich einen von ihnen nur zweimal gefahren. Das Auto verschlechterte sich durch unregelmäßigen Gebrauch. Dasselbe passiert, wenn man zu viele Äpfel kauft – was man nicht isst, verrottet. Als Menschen brauchen wir nur eine gewisse Menge zum Überleben, ein wenig mehr zum Gedeihen und alles, was danach kommt, wird zur Ablenkung. Wir brauchen ein wenig, um unsere Kinder als Startrampe zu lassen. Aber das war's. Jeder Dollar über diesem Punkt ist sinnlos. Nur der Mann, der nichts hat, denkt, dass Milliarden zu haben die Antwort ist. Ist es nicht. In der Tat, wenn Sie nicht vorsichtig sind, werden Sie in der Tat Ihre Seele verlieren.

Wie macht man aus diesem Reichtum einen Sinn?

Das Ziel unserer Ehrfurcht vor einem 12-stelligen Nettowert sollte nicht sein, wie viele Villen man kaufen kann, sondern die Höhe der Wirkung, die man erzielt hat, um diese Menge an Reichtum anzuhäufen. Betrachte es als ein Basketballspiel. Die Punkte auf dem Brett bedeuten an sich nichts, aber sie repräsentieren die individuellen Leistungen, die das Team von einem Ende des

Spielfeldes bis zum anderen Ende erbringen musste. Das ist es, was zwölfstelliger Reichtum bedeutet – es ist ein Maß für die Dinge, die Bezos lösen, kontern und innovieren musste, um Amazon dorthin zu bringen, wo es heute ist. Wie viel einfacher ist Ihr Leben, dass Sie online gehen und alles bekommen kannst, wann Sie es brauchen?

Wie viel einfacher ist Ihr Leben, dass Sie Dinge finden können, die Sie in Ihrem Nachbarschaftsladen nicht finden können? Wie viele Leute hat Ihr Nachbarschaftsladen zu einem Millionär gemacht? Huh? Das stimmt, Sie hören mich. Meine Frage ist, wieviele Leute hat Ihr lokales Geschäft, das einige von Ihnen sich sorgen, wird wegen Amazonas schließen, gebildet in Millionäre? Keine. Wissen Sie, wie viele einzelne Geschäftsinhaber zu Millionären geworden sind, die über Amazon verkaufen? Jede Menge. Schon mal von dem Amazon FBA-Programm gehört, das Bezos entwickelt hat? Ihr solltet es ausprobieren – es steht in Kapitel 5 – wer weiß, vielleicht findet ihr ja ein neues Unternehmen.

Zurück zu Jeff Bezos.

Kein voreiliges Urteil

Zu verstehen, was den Mann ausmacht, der das Geschäft macht, ist das, woran ich interessiert bin, und ich finde, das gibt mir die umfangreichsten Werkzeuge, die ich brauche, um ein besseres Leben für mich selbst zu erforschen. Ich will das Spiel sehen, also weiß ich, wie die Körbe geschossen wurden – allein das Ansehen der Punkte nützt mir nichts. Ich kann die Punkte nicht mit nach Hause nehmen, aber ich kann lernen, wie man punktet, indem ich mir das Spiel anschaue. Sehen Sie, worauf ich hinaus will?

Abgesehen davon, dass man moralisch bankrott und ethisch gleichgültig ist, sollte man sich nicht wundern, wenn man gegen unsere eigenen utopischen Feinheiten antritt.

Seien Sie bereit, einige Eier auf dem Weg zu brechen, und halten Sie es niemandem vor, der keine Skrupel hat, die Eier zu brechen, während er einen Weg an die Spitze der Forbes-Liste schlägt. Ich habe die Kommentare gehört und das scheinheilige Urteil gegen Leute wie Gates, Bezos, Jobs und andere gelesen. Was auch immer ihr Argument wert ist, es hat keinen Platz in diesem Buch. Nicht wegen Lobhudelei oder Anbetung, sondern weil es schwer ist, von jemandem zu lernen, während wir ihn negativ beurteilen. Und der Sinn dieser Biographie – und zwar jeder Biographie – ist es, über diese Person zu lernen, damit wir irgendwie das Geheimnis des Erfolgs finden können.

Das Quantum seines Reichtums, obwohl erstaunlich, sollte im richtigen Kontext betrachtet werden. Wenn es als solches betrachtet wird, dann hört es auf, sein reiner Nutzen zu sein, und überschreitet dieses Buch, um auch deins zu werden.

***

Kapitel 3 – Ein junger Mann mit einer Mission

„Wenn Sie nie kritisiert werden wollen, tun Sie um Himmels willen nichts Neues."

Bezos wurde von der jugendlichen Mutter Jacklyn Gise (Pop's Tochter) und ihrem Freund, der nur ein paar Jahre älter war als sie, geboren. Es war 1964 und sie waren in Albuquerque, New Mexico. Diese Beziehung hat nicht funktioniert, und da es in diesem Buch mehr um Jeff Bezos als um seine Mutter geht, werden wir uns nicht wirklich mit ihrer Beziehung zum biologischen Vater des jungen Bezos beschäftigen.

Nachdem er Bezos' biologischen Vater verlassen hatte, heiratete Jacklyn schließlich einen kubanischen Einwanderer spanischer Abstammung, der im Alter von 15 Jahren in die Vereinigten Staaten kam.

Peter Pan

Miguel Bezos war Teil der Operation Peter Pan – oder Operacion Pedro Pan. Operation Peter Pan war eine Anstrengung, die in der Zeit zwischen der Abreise von Batista und der Ankunft von Castro durchgeführt wurde. Es gab eine Zeit, da akzeptierten die Vereinigten Staaten Kinder, die nach Amerika kommen wollten, und sie taten es über den Zeitraum von ein paar Monaten. Kinder wurden auf mehreren Flügen pro Tag vom Flughafen Havanna in die USA gebracht, um ein neues Leben zu beginnen. Sie waren in Florida untergebracht, viele von ihnen wohnten in temporären Herbergen, die für sie eingerichtet wurden, und dann machten sie sich schließlich auf den Weg in ihr eigenes Leben in den USA. Dies geschah zwischen 1960 und 1962. In dieser Zeit wurden 14.000 Kinder eingeliefert. Miguel war einer von ihnen.

Es war eine extrem schwere Zeit für all die Kinder, die von ihren Eltern getrennt waren.

Miguel machte schließlich seinen Weg durch die Schule, schloss sein Studium an der Universität von New Mexico ab und ging als Ingenieur zu Exxon. Miguel Bezos heiratete Jacklyn, als der kleine Jeff erst vier Jahre alt war, und adoptierte ihn offiziell, indem er Jeffs Namen in Jeffrey Preston Bezos änderte.

Die Familie Bezos zog nach Houston, wo der junge Bezos die meisten seiner prägenden Jahre unter einer engen Beziehung zu seinem Adoptivvater verbrachte. Nach Pops war Miguel der nächste große Einfluss in seinem Leben. Miguel und Jeff blieben über die Jahre eng verbunden und spielten eine große Rolle in der Entwicklung und Arbeitsmoral des bereits intelligenten jungen Mannes. Zwischen den beiden überlebensgroßen Männern in Bezos' Leben ist es schwer zu sagen, wer mehr Einfluss hatte, aber das spielt keine Rolle, denn das Ergebnis war, dass es eine gute Balance zu allen Seiten gab, die an ihm zogen und zogen. Während Miguel (a.k.a. Mike) aus Kuba kam und hart arbeitete, um eine Ausbildung zu erhalten, baute er seine Karriere einen Stein nach dem anderen auf, während Pops aus einer Reihe von Siedlern stammte und die Familie im Laufe der Jahre und über die Generationen hinweg Land kaufte und ihre Ranch vergrößerte. Unter Pops, das Land war ein gesundes 25.000 Hektar in Texas. Pops (alias Lawrence Preston Gise) war der Regionaldirektor der US Atomic Energy Commission und war ein Mann der Wissenschaft. Wissenschaftstechnologie, Ursache und Wirkung, Belastbarkeit und Einfallsreichtum waren all die Schlagworte und Einstellungen, die von Mike und

Pops kamen und durch den kleinen Jeff gingen. Es war nur der Anfang.

Bezos' natürliche Neugierde und seine Nähe zu seinem Großvater führten dazu, dass er sich schon früh an die Wissenschaft anpasste. Von der Wissenschaft war der Sprung zum Computer nicht weit hergeholt, und unter der Leitung seines Großvaters bildete Bezos' Interesse an Computern, Elektronik und Wissenschaft schnell den Kern seines Charakters und seiner Interessen. Sein Traum vom Kennenlernen der Raumfahrt wurde belohnt, als er das Huntsville Space Camp der NASA besuchte.

Mit seinem Großvater auf der einen Seite und seinem Vater, Mike, auf der anderen Seite, marinierte Bezos in Wissenschaft und Technik. Dies machte ihn natürlich weniger ängstlich vor Fortschritten in der Wissenschaft, und er verstand, dass die Wissenschaft ein Weg war, die menschliche Besserung voranzutreiben: von der Art und Weise, wie wir leben, bis hin zur Art und Weise, wie wir unser Leben führen, war die Technologie da, um die Qualität unserer Existenz zu verbessern und uns in der Art und Weise, wie wir unsere Gesellschaften organisieren, Beziehungen zu erleichtern und all dieses Leben zu erfahren, voranzubringen.

Die beiden Männer in seinem Leben vermittelten in den jungen Bezos ein Gefühl von Abenteuer in der

Wissenschaft, das fast sofort Fuß fasste. Wie bereits erwähnt, würde er das Hausvakuum in ein Luftkissenfahrzeug verwandeln. So faszinierend es auch klingen mag, und so liebenswert es scheint, die Sache, die mir einfällt, ist, dass das Erschaffen von Dingen und das Erfinden neuer Wege nur die Art und Weise war, wie sein Verstand arbeitete. Wenn Sie diese Infinite Player-Attribute zu einem natürlich neugierigen Geist kombinieren, ist das Ergebnis eine Person, die die Welt wirklich verändert.

Als sich sein Charakter entwickelte, waren viele der Einstellungen und Manierismen, die man heute in Bezos sieht, schon als Kind aufgetaucht. Er war nicht einer, der sich mit Worten auseinandersetzt oder Zeit mit Feinheiten vergeudet. Die eine Sache, über die Sie sicher sein können, wenn es um Bezos geht, ist, dass er seinen Verstand spricht, und wenn Sie nichts zu verbergen haben, und Sie das ganze Interesse an der Welt für eine ehrliche Meinung haben, dann werden Sie sich nicht darum kümmern, was auch immer er sagt. Warum? Weil er es dir so erzählen wird, wie es ist.

Sie haben vielleicht schon Geschichten gehört und die Anekdoten gelesen, die das Internet und die Boulevardzeitungen darüber, wie er für die Menschen, die mit ihm arbeiten, und die Menschen, die für ihn arbeiten, so gemein sein kann. Sie müssen das alles beiseite legen und sehen, woher er kommt. Das ist ein Kerl, der sich immer an sehr hohe Standards gehalten hat. Das ist ein Kerl, der seine Nase auf den Schleifstein gelegt hat, sowohl geistig als auch körperlich. Und alles, was er erwartet, ist, dass alle, die er sich die Mühe macht, das Gleiche tun. Wenn sie es nicht tun, ist seine Antwort natürlich – sie ist nicht gemein, sie ist einfach direkt. Bezos weiß nicht, wie man gemein ist, und er hat keine Zeit, nett zu sein. Er will nur den Punkt rüberbringen, und er hat im Laufe der Zeit und aus natürlichen Instinkten gelernt, an die sich die meisten Menschen erinnern, nicht dumm zu sein, wenn man sie anschreit.

Haben Sie schon mal gehört, dass „nette Jungs als Letzte fertig werden"? Es gibt einen Grund dafür, denn nette Jungs sind überhaupt nicht nett. Sie sind zurückhaltend. Die Natur ist in vielen Unsicherheiten und unangebrachten Loyalitäten verwurzelt. Aus der Perspektive, ein netter Kerl zu sein, scheitert Bezos kläglich. Er ist jedoch ein guter Mensch; jemand, den man in seiner Ecke haben möchte, unabhängig von seinem Reichtum. Kein netter Kerl zu sein, zeigt nur, wie viel Vertrauen er in seine eigene Vision hat. Als er 18 Jahre alt war, hatte er eine Abneigung gegen Zigaretten und verstand die Auswirkungen. Bezos ist nicht unbedingt ein Gesundheitsfanatiker, aber er nimmt seine Gesundheit ernst, und er denkt, dass die Gesundheit nur einer der Faktoren ist, die zum Erfolg eines Menschen beitragen. Seine Logik ist einfach. Um erfolgreich zu sein, muss man erst einmal am Leben sein und für den Erfolg arbeiten, muss man null Ablenkungen haben – und Gesundheitsprobleme werden zu großen Ablenkungen. Zigaretten führen zu gesundheitlichen Problemen, also hat er keine Zeit für sie.

Als er ein Kind war, hatte er bereits seine Meinung vom Rauchen gebildet und er versuchte, dieses Verständnis seiner Großmutter zu vermitteln, die eine Raucherin war, aber seine Begeisterung und Ernsthaftigkeit in dieser Angelegenheit, die als unangenehm und hart empfunden werden kann, brachte seine Großmutter zum Weinen, anstatt ihre Aufmerksamkeit zu bekommen.

Es war nicht etwas, das er erwartete, noch war es etwas, das er genoss, da er seine Großmutter ungeheuer liebte. Bezos erinnert sich an die Lektion, die ihm sein Großvater nach diesem Vorfall sanft erteilt hat: „Jeff, eines Tages wirst du verstehen, dass es schwerer ist, nett zu sein als klug."

Anscheinend hat er dieses „Problem" noch heute, weil die Definition von Art und Zweck der Gesellschaft jedes Mal, wenn sie sich treffen, zu einem Höhepunkt zu kommen scheint. Er scheint keine Zeit zu haben, um zu spielen oder nett zu sein. Aber er meint es nicht böse oder krank – er hat einfach keine Zeit.

Um ihn und seine Wege zu verstehen, brauchte ich einige Zeit, um dies in Einklang zu bringen und mit den Erfolgen, die er gemacht hat, abzuschließen. Was ich herausgefunden habe, ist, dass sein Nicht-Sein und sein Erfolg eng miteinander verbunden sind. Wenn man all dies beiseite schiebt, was die „letzten Kerle, die als Letzte fertig werden", so muss man verstehen, dass diese Gelegenheit nicht auf einen wartet, wenn man sanft um ein Hindernis herum schifft. Man muss sich durchschieben, und das meine ich buchstäblich genauso wie im übertragenen Sinne. Viele Klischees kommen mir in den Sinn: „Zeit ist Geld" und so weiter. Aber die Maßnahmen, die Bezos ergreift, sind bewusst und gut geplant. Alles, was er braucht, ist darüber nachzudenken, wie er diesen Plan ausführen kann und dann zu tun. Das hat er sicher von seinen Paps und Mike gelernt.

Farmleben

Bezos verbrachte seine ersten Jahre zwischen dem Haus der Familie in Houston und der Ranch seiner Großeltern in Cotulla, 80 Meilen südlich von San Antonio, wo er Ausrüstung und kastrierte Bullen betrieb – eines der vielen Dinge, die Pops auf der Ranch selbst tat, anstatt Expertenhilfe zu rufen. Es muss eine erstaunliche Erfahrung gewesen sein, Dinge für sich selbst zu tun.

Ich kann nicht mal den Rasen schneiden lassen.

Bezos verbrachte die meisten seiner Sommer im Alter von 4 bis 16 Jahren dort mit seinem Großvater, arbeitete auf dem Bauernhof und bastelte im Geräteschuppen. Diese mechanische Seite von ihm hatte er schon als Kleinkind. Es gibt eine Geschichte in den Archiven über ihn und wie er als Kleinkind mit einem Schraubenzieher seine Krippe zerlegte.

Ressourcen

Mackenzie, seine Frau von 25 Jahren, sieht das als ein Plus, weil sie keine Probleme hatte, ihre Kinder, auch wenn sie weniger als zehn Jahre alt waren, mit Elektrowerkzeugen umgehen zu lassen. Nach Angaben von Mann und Frau leben sie lieber mit einem Kind, das einen Finger verloren hat, als mit einem Kind, das nicht weiß, wie man einfallsreich ist. Ich weiß nicht, ob ich der gleichen Meinung bin, wenn es um meine Kinder geht, und vielleicht ist dies ein Bereich, mit dem ich nicht einverstanden wäre, aber ich sehe den Wert.

Was ich über diese ganze Sache erzähle, ist, dass die Bezos in der Stille seiner Meditation und dem Spiegelbild seines Geistes, wie auch in der Nacherzählung ihrer Bemühungen, einen großen Teil ihrer Fähigkeiten und ihrer Errungenschaften dem Einfallsreichtum zuschreiben, und sie wollen sicherstellen, dass ihre vier Kinder das nicht verlieren.

Man merkt, dass sogar Bezos selbst und Mackenzie bei vielen Dingen einer Meinung sind. Man kann nicht vergessen, dass sie einen Blick auf das ganze Amazonas-Drama hatte, als es sich ein Jahr nach ihrer Heirat entfaltete. Sie hat dem Mann, der während der Entwicklung von Amazon mit so vielen wichtigen und kritischen Fragen konfrontiert wurde, einen beispiellosen Einfluss und eine felsenfeste Unterstützung gegeben.

Nebenbei bemerkt, ich kann mir nur das Gespräch vorstellen, das sie im Auto geführt haben müssen, als sie von New York nach Seattle fuhren.

Lassen Sie uns zu seinen jüngeren Tagen zurückkehren.

Die merkwürdigen Jahre

Man konnte nur sagen, dass dieses Kind, das auf Wissenschaftsmessen und -projekten gut war, die Art von Kind war, das an der Elektronik bastelte, die er finden konnte, und an den Werkzeugen, die herumliegen. Mit Pop auf der Farm und Mike, der eine Karriere als Ingenieur aufgebaut hatte, war er von Männern umgeben, die gut mit ihren Händen und mechanisch geneigt waren.

Bezos spielte mit Elektronik schon ab neun Jahren. Er liebte die Art und Weise, wie die Elektronik berechnet und vorhergesagt werden konnte, und dann, als sie immer raffinierter wurde, konnte er sogar die einst einfache Elektronik programmieren, mit der er spielte. Er schaffte es sogar, ein elektronisches Zugangs- und Verweigerungssystem für sein Zimmer zu bauen, so dass sein Bruder und seine Schwester nicht reinkommen konnten, wenn er nicht da war. Er liebte seine Privatsphäre schon in jungen Jahren, und es gibt viele Zeitungen, die den Geschichten von ihm als Privatdetektiv gewidmet sind. Ich bin sicher, dass die ganze Medienaufmerksamkeit, die er bekommt, der einzige Nachteil ist, den er für den Anstieg seines Nettovermögens sieht.

Unter anderem erfand er zusammen mit dem Einbruchalarm ein Kochgerät, das mit Solarenergie arbeitete, eine Annäherung an ein fliegendes Fahrzeug und zahlreiche Versuche an einen Roboter (mehr dazu später). Komisch, wie unsere Jugend unser Erwachsensein beeinflusst. Alles, womit er als Kind gespielt hat, spielt er jetzt als Erwachsener. Amazon setzt nicht nur Roboter ein (mehr als 15.000 davon in den Lagern von Amazon), er baut sogar Raumfahrzeuge für Reisen bei Blue Origin.

Das Zeitalter des Computers

Er kam zu seinen Teenager-Jahren, als die Computer das kollektive Bewusstsein des Landes trafen. Bill Gates' DOS und der IBM PC kamen 1981 in die Läden, als Bezos 16 Jahre alt wurde. Natürlich war das Internet nicht in der Nähe der Öffentlichkeit, aber der Einsatz von schweren

Großrechnern und großen Computern, die über Telefonleitungen direkt miteinander verbunden sind, war bereits im Gange.

In der Highschool begann Bezos, etwas über Mainframe-Computer zu lernen, und so kam es, dass eine Firma in der Stadt ihre überschüssige Mainframe-Zeit an die Schule spendete. Niemand in der Schule spürte, dass sie etwas davon wussten, also zog Bezos das Handbuch durch und machte sich mit ein paar Freunden an die Arbeit. Seine fleißige Art war auch die Eigenschaft, die es ihm ermöglichte, sich weiterzuentwickeln. Aber das Einzige, was Bezos nicht wollte, war alltägliche Arbeit.

Verlockung oder Vernunft?

Natürlich muss es jemand tun, und Gott segne diejenigen, die es tun, aber wenn es um Bezos geht, kann er nicht die Dinge tun, die unter die Kategorie des Mindestlohns fallen. Er fühlte, dass es eine Verschwendung seiner Intelligenz und seiner Zeit war. Als er eines Sommers in der High School war, schaffte er es, einen Teilzeitjob bei McDonald's zu bekommen und hasste jede alltägliche Minute davon.

Innerhalb weniger Tage kündigte er und startete ein Sommercamp, in dem er 600 Dollar pro Kind für ein 10-tägiges Event für die 4., 5. und 6. Es wurde das Trauminstitut genannt. Dream stand für

Directed Reasoning. Zwei der sechs Teilnehmer waren sein Bruder Mark und seine Schwester Christina. Ziemlich interessant, dass er die Argumentation als eine Fähigkeit betrachtete, die unterrichtet werden musste, und dass es etwas war, das Eltern ihre Kinder dazu bringen sollten, daran teilzunehmen. 600 Dollar in den 70ern waren ziemlich viel Geld.

Wenn man sich das Grundkonzept des Lagers ansieht, gibt es einen kleinen Einblick in die Art und Weise, wie er denkt – mit Verstand. Seine Argumentationsfähigkeiten sind den meisten überlegen, was die Art und Weise ist, wie er zu den Bewertungszahlen kam, die er gemacht hat, und der Grund, warum die Investoren, die in der ersten Runde hereinkamen, den von ihm berechneten Bewertungsarten zustimmten.

Als er in die zweite Finanzierungsrunde ging – diesmal für 8 Millionen Dollar – hatte er zwei hoch bewertete Private Equity-Firmen, die bereit waren, einzusteigen. Er traf die Wahl, wer investieren würde, und es war Kleiner Perkins – heute bekannt als Kleiner, Perkins, Caufield und Byers. Seine Argumentation und Inspiration waren schließlich die Gründe, warum er das Unternehmen bis zu einem Punkt aufbauen konnte, der eine leichtere zweite Finanzierungsrunde vor dem Börsengang im folgenden Jahr ermöglichte.

Seine Fähigkeit zur Vernunft macht ihn nicht nur zu einem mächtigen Verhandlungsführer, sondern auch zu einem mächtigen Problemlöser.

Ich komme zurück in den Sommer.

Im Rahmen seines Studiums bot er Literatur und Wissenschaft an. Zum Lesen wurden ihnen Teile von *Der Herr der Ringe, Dune, Unten am Fluss, Der König auf Camelot, Fremder in einer fremden Welt, Black Beauty, Gulliver's Reisen, Die Schatzinsel, Unsere kleine Stadt, Heirat nicht ausgeschlossen* und *David Copperfield* vorgeschrieben.

Die wissenschaftliche Komponente umfasste sowohl die Raumfahrt als auch die Nutzung fossiler Brennstoffe, Spaltgeneratoren und anderer zukunftsweisender Erfindungen. Die Briefe, die alle Eltern in diesem Jahr erhielten, beschrieben die Programme als „Betonung der Verwendung neuer Denkweisen in alten Gebieten". Lustig, wie das genau das ist, was Amazon heute ist – Versandhandel mit Computern.

Wie gesagt, wir können die Silhouette eines Mannes sehen, wenn Sie den Jungen sehen. Und man konnte sicherlich sehen, was er mit all der Intelligenz und der Neigung, sich an die Arbeit zu machen, anfangen konnte. Er hatte keine Angst vor „ein wenig Hektik", und er hatte keine Angst, seinen Verstand und seinen Rücken zur Geltung zu bringen. Er wollte einfach nicht seine Zeit damit verbringen, alltägliche Dinge zu tun, ohne die Aussicht auf eine Zukunft.

Die Sache, die offensichtlich wird, während Sie durch den Katalog der Ereignisse, der Ideen und der Enttäuschungen in seinem Leben blättern, ist, dass er eine Arbeitsmoral hat, die Sie nicht leicht anderswohin, nicht sogar entlang den Fluren der Elite-Ligen und in den Aufsätzen auf Wall-Street finden. Die Arbeitsethik, die Bezos pflegte und zur zweiten Natur machte, war etwas, das ihm erlaubte, durch die Details zu arbeiten und durch die Unebenheiten zu sehen. Es gibt keinen anderen Weg, um an die Spitze zu kommen. Es gibt kein Anhalten oder Pausieren; es gibt keine Zeit.

Vorbilder

Wenn Sie die Beweggründe eines Mannes verstehen wollen, sollten Sie sich seine Vorbilder als Kind ansehen. Die eine Sache, die die meisten Männer nicht erkennen, ist, dass wir alle auf unsere Vorbilder schauen, wenn wir Kinder sind, und die Hartnäckigkeit, mit der wir das tun, ist unter der Oberfläche, aber extrem mächtig, trotzdem. Für diejenigen von uns, die Väter haben, die wir oft sehen, halten wir uns an jede Handlung, jedes Wort und jeden Stil, den wir können, und imitieren es als den Weg, uns zu leiten. Das ist intern – wir alle lernen von der Nachahmung.

Für Jungen aus Einelternfamilien übernehmen sie einen großen Teil der Kraft ihrer Mutter und das angeborene Einfühlungsvermögen ihrer Mutter. Für einige kommt die Anleitung vom Fernsehen, von Freunden, Verwandten und so weiter. Wo auch immer es schließlich herkommt, die eine Sache, die Sie wissen sollten, ist, dass es von irgendwo herkommen muss. Für Bezos kam es von seinem Großvater und seinem Vater.

Die Entwicklung eines Mannes wird am besten durch die Anekdoten seines Lebens erzählt. Aber nicht alles kann aufgezeichnet werden, denn das Alltägliche könnte das Nötige verdunkeln.

In diesem Sinne nehmen wir uns in diesem Buch die Zeit, Bezos von den Höhepunkten seines Lebens, seinen Wendepunkten und seinen Mustern zu betrachten, in der Hoffnung, den Weg und die für den Erfolg notwendigen Werkzeuge zu verstehen.

Als ich seine Kindheit beobachte, fällt mir immer wieder ein, dass der junge Bezos ein mühseliger Leistungsträger ist, ob es nun seine Kindergartenprojekte, seine Grundschul-Hausaufgaben oder seine Highschool-Semesterarbeiten waren. Er war voller nützlicher Energie, die er als Investition in sich hineingepflügt hat.

An jeder Ecke seiner Kindheit erinnern sich seine Lehrer rückblickend daran, dass Bezos anders war

– und nicht auf eine seltsame Weise. Sie wissen, wie sich einige dieser Kinder manchmal seltsam fühlen können. Ja, sie wissen alles und können eine Reihe von Fakten rezitieren, nur um Luft zu holen, aber sie bekommen nicht die Nuance der Dinge oder ihre tiefere Wirkung. Bezos unterschied sich dadurch, dass er überhaupt nicht so war. Er kannte seine Sachen, aber er konnte auch cool sein und nicht wie ein Besserwisser wirken.

Er war Abschiedsredner seiner High-School-Klasse, und ein Doppel-Dur an der Princeton, Abschluss mit Auszeichnung und das kann nicht auf die leichte Schulter genommen werden. Sicher, eine Menge Leute tun gut in der Highschool und fahren fort, eine Efeuliga-Ausbildung zu sichern, aber etwas war hier anders.

Unbegrenzte Energie

Er konnte die Dinge nicht allein lassen; er ging immer hinaus, um mehr zu machen, als sie ursprünglich geplant waren, wie wenn er versuchte, aus dem Staubsauger in der Garage im Haus seiner Eltern ein Luftkissenfahrzeug zu bauen. Es gab viele andere Fälle von Dingen, die er als Kind tun würde, das die Ohrmarken großer Intelligenz mit dieser grenzenlosen Energie verbunden hatte, und was immer daraus resultierte, war ein Feuerwerk.

Es war diese grenzenlose Energie, die ihn durch die Ausfallzeiten bei Amazon trieb. Und wie jeder, der ein Unternehmen gegründet hat, sagen kann, ist die Inspiration nur die halbe Miete. Man muss sich beeilen, um die Vision zu verwirklichen. Sie haben entweder eines von zwei Dingen, die Sie für sich brauchen. Sie sind entweder super schlau und wissen alles über alles, oder Sie wissen, wie man die Leute, die Sie brauchen, um die Arbeit zu tun, die Sie nicht bereits tun können. Und selbst wenn Sie wüssten, wie man es macht, können Sie nicht alles machen. Sie brauchen jemanden, der etwas davon für Sie tut, und da Sie diese Person nicht mikromanagen können, brauchen Sie jemanden, der so schlau ist wie Sie.

Das ist es, wonach Bezos bei seinen Mitarbeitern sucht, und das ist es, wonach er am ersten Tag gesucht hat. Er verstand Computer, und er verstand die Elektronik des Spiels, aber er hatte nicht alle Programmierkenntnisse, um eine Datenbank und eine Website zusammenzustellen, also musste er das Talent dafür einstellen.

Delegieren

Das Delegieren fiel dem jungen Bezos leicht. Selbst auf dem Hof seines Großvaters lernte Bezos, die ihm übertragenen Aufgaben zu erledigen und die Aufgaben, die er nicht ausführen konnte. Aber er stand nie an der Seitenlinie und schaute zu, während andere schufteten. Er war immer mittendrin, tat, was getan werden musste, und beobachtete mit einem aufmerksamen Auge, was ohne die Zerstreutheit eines Menschen nicht im Moment getan werden konnte.

In diesem Alter war es Pop's Einfallsreichtum, der Bezos zu dem Punkt geführt hat, an dem es nichts gibt, von dem er glaubt, dass es nicht getan werden kann.

Natürlich würde man das auch denken, wenn man aufwuchs und seinem Großvater dabei zusah, wie er mit wenig Hilfe den ganzen Hof alleine bewirtschaftete, und die Hilfe, die er bekam, war die von ungelernten Arbeitskräften. Aber die meisten der schweren Gedanken kamen von Pops, der ein zutiefst einfallsreicher und unabhängiger Mann war.

Es sind lustige Geschichten von Pops, die die Anekdotenreihe von Bezos verunreinigen, und wenn er diese Geschichten erzählt, ist ein Augenzwinkern zu sehen, das sein kehliges Gelächter begleitet. Eine solche Geschichte von Einfallsreichtum war die Zeit, als Pop große landwirtschaftliche Geräte zu einem deutlich reduzierten Preis bestellt hatte und selbst daran arbeiten musste, um sie zum Laufen zu bringen. Als sie ankamen, dachten sie, dass sie einen Kran brauchten, um ihn zu heben, aber sie besaßen keinen. Anstatt das Geld auszugeben, um einen Kran zu mieten, brauchte Pops ein paar Tage, um ein Hebezeug aus Werkzeugen und Sachen zu bauen, die er hatte, um die Ausrüstung vom Boden zu bekommen. Das war kein Einzelfall. Auf der Farm, weit weg von den Annehmlichkeiten, konnte Pops so ziemlich alles bewältigen, wenn er sich dazu entschied.

Diese Art der Enthüllung erwies sich für Bezos als unschätzbar und er begann, die Dinge auf die gleiche Weise zu sehen und das Unmögliche auf die gleiche Weise zu tun. Es ist schwer für die meisten von uns, die mit all den Annehmlichkeiten aufwachsen, die wir für selbstverständlich halten, aber bei Leuten, die tagtäglich ihre Nase in den Schleifstein stecken müssen, stellt man fest, dass es sehr wenig gibt, was man auf sie werfen kann, um sie zu verwirren.

Pops würde diese großen Projekte rund um die Farm durchführen, und er würde jeden einzelnen von ihnen durchführen, unabhängig davon, wie entmutigend sie sein mögen.

Bezos gibt ungeniert zu, dass seine Lektionen in Sachen Einfallsreichtum von Pops stammen. Das ist eine gute Sache, denn wenn Sie ein Unternehmen vom Start bis zur Weltspitze führen wollen, ist das genau das, was Sie brauchen. Pops musste sogar Kühe auf dem Hof zur Welt bringen und Tiere nähen, wenn es nötig war, weil der nächste Tierarzt zu weit weg war. Wie viele von uns würden tun, was getan werden musste, egal wie komplex oder wie ungeschickt es am Anfang schien. Wenn man dieser Art von Ethos ausgesetzt ist, dann wächst das mit der Zeit, und man tut alles Mögliche, um sicherzustellen, dass das Ziel und nicht die Aufgabe das ist, was getan wird. Und das ist der Grund, warum Bezos so ist, wie er ist. Es gibt Geschichten aus dem Inneren von Amazon, die über seine Fähigkeit sprechen, sich auf Ergebnisse und Erfolge zu konzentrieren, anstatt sich auf Aufgaben zu konzentrieren. Er ist nicht der typische Manager, der sich darauf konzentrieren will, wie man etwas erreicht, sondern er will sich darauf konzentrieren, es zu erreichen.

Es gibt Tonnen von Unternehmern, die nicht auf das Ziel der Aktion und Blick auf die Prozesse statt. Wir verstehen nicht, dass man, um innovativ zu sein, einfallsreich sein muss; um einfallsreich zu sein, muss man ergebnisorientiert sein. Aufgabenorientiert zu sein hat seinen Platz, aber dieser Ort ist sicherlich nicht der Ort, an dem man sein muss, wenn man versucht, den größten Einzelhändler der Welt aufzubauen.

Nach dem Studienabschluss

Nach seinem Abschluss kam er zu Fitel, wo er zwei Jahre lang seinen Hut hing und die Art von Eifer investierte, die von Leuten gezeigt wird, die Startups besitzen. Seine Kodierung und Liebe zum Detail waren so vorbildlich, dass er schnell befördert wurde und die Verantwortung für die

Aufgaben übernahm, die ihn dazu zwangen, einmal pro Woche von New York nach London zu reisen.

Es war ein großer Sprung in der Verantwortung, aber es war eine, die Sie nach einer Weile zerlumpt läuft, und die Art von Maut, die das auf eine Person ausübt, ist nicht die gleiche Art von Maut, die eine Person, die ein Unternehmen baut, erfährt. Das ist die Art von Anstrengung, die nicht viel ausmacht und so wurde die ganze Sache wirklich alt, wirklich schnell.

Er entschied sich zu kündigen, obwohl er Mitarbeiter Nummer 11 war und seine Aussichten gut gewesen wären, wenn das Unternehmen es in der Zukunft geschafft hätte. Schließlich war dies die Firma, für die er Bell Labs und Intel aufgab.

Er fand schnell eine Anstellung bei Bankers Trust in New York. Es war eine andere Branche, aber dennoch hat sie zu einem bereits in jungen Jahren sehr unterschiedlichen Kompetenzspektrum beigetragen. Er verkaufte Software an die Kunden der Bank und obwohl er es in zwei Jahren geschafft hatte, fand er heraus, dass sie auch nicht dahin ging, wo er sie haben wollte. Er war glücklich, mit Software zu arbeiten, und er war froh, dass es ein starkes Unternehmen war, aber der x-Faktor war sicherlich nicht vorhanden.

Er war sehr konzentriert und wusste, was er wollte, war aber nicht arrogant genug, um die Welt an ihm vorbeiziehen zu lassen, ohne dass er einen Vorgeschmack nahm. Er begann, seine Lebensläufe an Headhunter weiterzugeben, mit der ausdrücklichen Anweisung, dass er nach einem Technologie-Spiel suchte.

Einige Zeit später erfuhr er von D.E. Shaw mit der Warnung, dass es nichts war, wonach er suchte. Es war ein neuer (2-3 Jahre alter) Hedgefonds, der von einem anderen Informatiker gegründet wurde. Bezos nahm das Treffen mit David Shaw, dem Gründer, und sie verstanden sich gut. Bezos trat Shaw für die einfache Tatsache bei, dass er Shaw als seinen intellektuellen Ebenbürtigen ansah und das war nicht etwas, was er in vielen anderen sah. Es war jetzt 1990, und Bezos war ein junger 26-Jähriger.

Bei D.E. Shaw geschahen zwei Dinge, die sein Leben für immer veränderten und bis heute einen sehr großen Teil seines Lebens ausmachen. Die erste ist, dass er seine Frau Mackenzie kennengelernt und geheiratet hat, und die zweite ist, dass er auf die Idee für Amazon gekommen ist.

Es ist schwer, einen Anstieg zu ergründen, der dem entspricht, was Bezos in Shaw erreicht hat. Er hat seine Arbeit hervorragend gemacht, und er wurde dafür bemerkt. Wenn Sie jemanden wie Shaw selbst denken lassen, dass Sie ein erstaunlicher Fund sind, ist das in der Regel nicht falsch, wenn man bedenkt, dass Shaw selbst eine dieser Links–

Hirn-Rechts-Hirn-Persönlichkeiten war, die sowohl künstlerisch als auch wissenschaftlich zugleich war – genau wie Bezos.

Als die Mitte 1994 herumrollte, hatte Bezos in vier Jahren bei Shaw getaktet; er war ein Jahr in seiner Ehe, und er saß hoch oben an der Wall-Street. Die Sache, die Sie über Wall-Street und die Firmen dort wissen müssen, ist, dass der größte Teil des Jahres um Weihnachtsbonuszeit ist.

Bezos war schon seit einiger Zeit dort, Shaw ging es gut, sie waren schon in der Mitte des Jahres, und die Bonuszeit war nicht allzu weit weg. Oh, und vergessen wir nicht, dass er zu diesem Zeitpunkt auch ein Familienmensch war. Dann, aus heiterem Himmel, findet Bezos die Möglichkeit, eine Buchhandlung über diese neue Sache namens Internet zu eröffnen. Mittendrin fliegt er nach Texas, leiht sich ein Auto von seinem Vater und fährt mit Mackenzie nach Seattle.

Er war 30. Mackenzie war 24, ihre Ehe war ein Jahr alt, und sie warfen ihre Boni ab und hängten ihren Anhänger an und ritten nach Westen.

Bezos und die Frauen

Von der Schule bis zum Beginn in Princeton hatte Bezos die stabilen Grundlagen, die ihn zu einem verlässlichen jungen Mann machten, zu dem sich die Leute um ihn herum hingezogen haben. Das körperliche Merkmal, das seine Persona dominierte, war nicht seine Größe, sein Körperbau oder sein zurückgehender Haaransatz zu dieser Zeit, sondern die gestikulierenden und gutturalen Lachsalven. Man konnte nicht umhin, die Geselligkeit des Charakters und die Fülle des Lebens zu spüren, die er zeigt, wenn er in eines seiner Lacher gerät. Es war in der Tat das allererste, was Mackenzie Tuttle nach Bezos zog. Sie konnte sein Lachen durch die Wände von D.E. Shaw hören.

Vor Mackenzie hat Bezos – immerhin ein Mann wie der Rest von uns, auch wenn er es anders angeht – ein System geschaffen, um Frauen zu treffen. Obwohl er vielleicht mehr Glück gehabt hätte, wenn er so gut drauf gewesen wäre wie heute (Augenzwinkern).

Dates zu bekommen war für ihn mehr eine Wissenschaft als etwas Organisches. Der typische Typ ging zum Buchladen, Café oder Club; Bezos nahm Ballsaalunterricht, damit er (in seinen Worten) seinen 'Frauenfluss' steigern konnte. Ich bin sicher, dass es einige von Ihnen gibt, die daran gedacht hätten, aber das wäre mir nie in den Sinn gekommen.

Kapitel 4 – Der Start von Amazon

„Wir können nicht im Überlebensmodus leben. Wir müssen im Wachstumsmodus sein."

Amazon war nicht immer die Superfirma, die es geworden ist. Sie sehen im Zeitalter des Internets und im Vorfeld der Internetblase in den 90er Jahren, dass sich das Paradigma von soliden Finanzkennzahlen zu hohen Top-Line-Projektionen gewandelt hat. Zu einer Zeit, in der Technologien bewertet wurden, die noch keine Umsätze, viel weniger Gewinne auswiesen, verbuchte Amazon Umsätze auf einem Niveau, von dem Bezos wusste, dass sie es verdient hatten.

Als Bezos aufbrach, um Amazon zu bauen, war das, was er sagte, dass er sich auf die meisten verließ, um durch harte Zeiten zu kommen, die Art von Elastizität, die ihm als Kind beigebracht wurde. Sein Pops war auch die Quelle dieser Lektion, und er lernte sie neben den Lektionen über Einfallsreichtum.

Er erfuhr auch, dass die Ziele alle anderen Ereignisse überholten. Wenn Sie etwas tun wollen, tun Sie es, bevor Sie etwas anderes tun. Und wenn man damit anfängt, ist man erst dann fertig, wenn man Erfolg hat. Es waren die Edison-ähnlichen Qualitäten seines Großvaters, die die scheinbar herkulischen Anstrengungen, die im Laufe der Ereignisse unternommen wurden, die Amazon im Laufe seiner Entwicklung erlebte, ansprachen.

Nehmen wir zum Beispiel die Art und Weise, wie Bezos die erste Million aufbrachte. Es erforderte Konsistenz, Elastizität und, obwohl er sich selbst nur eine Chance von 30% gab, mit Amazon erfolgreich zu sein, setzte er 300% ein, um es zum Laufen zu bringen. Betrachtet man dagegen den typischen Unternehmer von heute, wenn er glaubt, dass er Erfolg haben wird, dann setzt er 70% ein. Wenn sie denken, dass sie es nicht schaffen, setzen sie nur 25% ein. Raten Sie mal, was passiert, wenn Sie dies machen? Bei 25% Bemühung beenden Sie oben nichts ausgenommen das Vergeuden der Bemühung und der Energie erhalten, die Sie innen setzten. Denken Sie daran, dass der menschliche

Körper dazu bestimmt ist, zu überleben. Es wird die Energie festhalten, auf Nummer sicher gehen und nie den Horizont des Geistes betreten. Aber um im Leben erfolgreich zu sein und milliardenschwere Unternehmen aufzubauen, muss man genau das tun. So erweitern Leute wie Bezos und der Rest der Durchführer unterbewusst ihren Verstand und gehen über bloßes überleben hinaus, wenn sie sich entscheiden, vorwärtszukommen.

Die meisten Leute tun das nicht. Als er diese Million auftreiben wollte, brauchte er den größten Teil eines Jahres, um sie zusammenzustellen. Aber für jeden möglichen Investor, der zustimmte, gab es drei, die aus dem einen oder anderen Grund ablehnten. Meist lag es daran, dass die risikoadjustierte Bewertung über ihrem Appetit lag.

Manchmal frage ich mich, wie die Kerle, die bei Amazon gestorben sind, den Ticker beobachten und AMZN vorbeigehen sehen.

Bezos hat nicht wirklich versucht, einen Webshop zu bauen, der genau wie ein Einzelhandelsgeschäft aussieht, mit einem Kundenausstellungsbereich vorne und einem großen Warenlager hinten. Das ist nicht wirklich das Modell, das in dieser Übung entstanden ist. Er wollte etwas bauen, das den Scharen von Menschen gerecht wird, die ins Internet kommen. Es ist wie das alte Immobilien-

Sprichwort: „Finde heraus, wo alle hingehen und komm zuerst hin." Genau das hat Bezos hier getan. Der einzige Unterschied zwischen Bezos und uns war, dass er tatsächlich aufstand und es tat.

Pops hat Bezos beigebracht, wie man das, was man vor sich hat, benutzt, um etwas zu machen, was man im Moment sehen kann. Er lehrte ihn, dass alle Dinge fungibel sind und dass Fungibilität entschlüsselt werden kann, wenn man seine zerebralen Ressourcen nutzt.

Bezos ist ein großer Fan des Denkens, und er ist von der Denkschule, die sich mehr auf den Verstand als auf das Kollektiv verlässt – ganz im Gegensatz zu denen seiner Generation. Was ihn wahrscheinlich zu einer so einzigartigen Fallstudie macht.

Ablenkung und Verwirrung

Eine weitere Sache, die ihn einzigartig macht und die auch von seinem Großvater kommt, ist, dass er schon in jungen Jahren gedacht wurde, Ablenkungen abzuwehren. Deshalb, wenn er mit Ihnen spricht, wissen Sie sicher, dass er mit Ihnen spricht. Das ist auch der Grund, warum er nie von seinem Telefon abgelenkt wird oder warum man ihm wirklich nur einmal etwas sagen muss. Er ist anwesend, wenn das Ereignis stattfindet, und kommt nicht später, wenn Sie etwas sagen, das ihn aus der Stase bringt. Es ist eine Zeitersparnis – laut ihm und laut Pops.

Ich habe diese Eigenschaft bei vielen der erfolgreichen Menschen gesehen, die ich studiert habe. Alle, ob erfolgreiche Politiker oder Technik-Titanen, sind ausnahmslos immer im Moment. Sie sind immer wachsam, und ihr Verstand ist an dem Ort und der Zeit, an dem sie stehen. Bezos war die gleiche Art und Weise wie ein Kind und Lehrer, die er beeindruckt auf dem Weg tragen Beweis dafür.

Seine Lehrer erzählen Geschichten darüber, dass sie nie wirklich dachten, dass er ein Titan der Industrie sein würde, aber sie waren beeindruckt von seiner Fähigkeit, selbstbewusst zu sein und in allem, was er unternahm, mit Grausamkeit zu konkurrieren – ob es nun akademische Wettbewerbe, Projekte oder Debatten waren. Er konnte sich durch alles reden, aber nicht auf eine Art und Weise. Er wurde geboren, um Menschen von Dingen zu überzeugen, die nur er verstand.

Für Bezos ist das, was er sieht, nicht nur das Produkt seiner Inspiration, sondern auch das Produkt seines Intellekts, der zwei und zwei zusammenfügt. Er stolperte nicht nur über die Kombination von Einzelhandel, Büchern und Internet.

In der High School erinnern sich seine Lehrer daran, dass er jemand war, der grenzenlose zerebrale und physische Energie hatte. Er würde herumreißen, um Dinge zu erledigen, aber er würde immer in seinen Bemühungen geerdet sein. Es gab ein einfaches Glück über ihn, das zu seinem großzügigen Lachen und seinem breiten Lächeln passte.

Die meisten von uns finden, dass es eine Mauer zwischen dem, wozu wir inspiriert sind, und dem, was wir schließlich tun, gibt. Wir können immer den Gipfel sehen, aber wir haben keine Ahnung von der Seite des Berges. Es ist auch dasselbe, wenn wir den Reichtum sehen, den jemand erreicht hat, aber aus irgendeinem Grund vergessen wir, die Arbeit zu schätzen, die darin steckt.

Es gibt auch einen Verlust an Wertschätzung für die Arbeit, die in den Ehrgeiz geht, sowie für die Realität, das Ergebnis und die Mühe. Wir alle haben viele Ideen und viele Träume, aber nur wenige von uns gehen tatsächlich aus und tun etwas dagegen.

Wir hören immer wieder, wie sich die Sterne für Bezos aufstellen, aber wir müssen verstehen, wie jeder entscheidende Schritt eine Antwort von ihm verlangte und wie wir, wenn wir mit solchen Dingen in unserem Leben konfrontiert werden, reagieren?

Nehmen wir zum Beispiel seine Zeit beim New Yorker Hedgefonds D.E. Shaw. Übrigens, während er dort war, stieg er schnell auf und war der jüngste

Senior VP in der Geschichte des Unternehmens. Dort traf er auch seine Frau Mackenzie. Während er bei D.E. Shaw war, begann das Internet sein Wachstum und das Unternehmen suchte nach Möglichkeiten, in die es investieren konnte – schließlich sind sie ein Hedge-Fonds. Er verdiente gutes Geld und fuhr eine gute Karriere. Denken Sie darüber nach: Innerhalb weniger Jahre nach seinem Abschluss war er bereits auf der VP-Ebene einer Wall-Street-Firma, er hatte gerade seine Frau kennengelernt, und er lebte das Leben, von dem die meisten Absolventen der Ivy League träumen und es erreichen.

Dann nehmen Sie dieses Ereignis und betrachten Sie die Tatsache, dass er Princeton graduierte – was bedeutet, dass er nicht wirklich an Türen klopfen musste, um den Traumjob zu finden. Efeu-Ligen haben Rekrutierungsveranstaltungen für Senioren und Angebote kommen in der Regel vor dem Abschluss. Dasselbe gilt für Bezos, der Angebote von Intel und Bell Labs erhalten hatte. Aber er lehnte sie ab und schloss sich stattdessen einem Startup namens Fitel an.

Versetzen Sie sich in seine Lage, mit all der Stabilität und der Möglichkeit einer Familie in der Zukunft. Warum sollte er beschließen, alles zurückzulassen, um in einen Pool des Unbekannten zu springen? Es ist eine Sache, wenn ihm eine MD-Stelle bei Goldman Sachs oder so angeboten wurde, aber er ging von einem VP, auf dem Weg zu mehr, um eine Idee zu starten, an die niemand gedacht hatte.

Jetzt, da Sie dieses Bild im Kopf haben, denken Sie darüber nach, wie Sie sich verhalten würden, besonders wenn Sie nicht den Vorteil der Rückschau haben. Ist es möglich, dass er die Vision hatte, es zu tun? Oder war er nur total verrückt? Bezos war schon immer ein Wegbereiter, und das ist es, was Wegbereiter tun. Sie springen nicht auf einen Zug, weil sie die Weitsicht haben, wohin der Zug fährt, sie springen auf den Zug und fahren ihn dorthin, wo sie denken, dass er hinfahren kann.

Bei jemandem wie Bezos und den meisten Unternehmern, die es auf diese Ebene des Spiels schaffen, geht es bei ihrem Startziel fast nie um die Belohnung – es geht um eine Erfüllung, die auf einer tieferen Ebene stattfindet. Wenn Sie mit Bezos sprechen, werden Sie die Leidenschaft hören, die er in seiner Stimme für all die Dinge hat, die er mit Amazon und durch Amazon macht. Dann beginnt man zu verstehen, was es bedeutet, jemand zu sein, der etwas baut, das größer ist als das Leben und wie er einen Marktplatz mit über 300 Millionen Menschen meißeln könnte.

Es ist schwer, etwas so Großes zu tun, wenn man sich auf triviale Belohnungen konzentriert. Damit etwas so groß wird, geht es um so viel mehr. Es kann nicht um die Belohnung gehen, denn wenn es beim ersten Anzeichen von Ärger gewesen wäre,

wäre er entweder zum Zeichenbrett zurückgekehrt oder hätte das Handtuch geworfen.

Bezos spielte das unendliche Spiel, nicht das endliche. Wenn er nach der Belohnung gesucht hätte, wäre der beste Weg für ihn derjenige gewesen, auf dem er bereits war. Denken Sie nur daran, dass er einen ziemlich sicheren Job verließ, um kopfüber in ein Startup-Unternehmen innerhalb einer aufstrebenden E-Commerce-Branche auf einer Plattform namens Internet zu tauchen, von deren Existenz die meisten Leute nichts wussten.

Bezos spricht über die Anfänge des Internets in einer Weise, die es ins rechte Licht rückt. Er erzählt uns, dass er am Anfang eine Million Dollar aufbringen musste und dass er das Geld zusammenkriegen musste, sonst wäre Amazon schon vor dem Beginn des Spiels zu Ende gewesen. Er schloss einen Deal mit einer Gruppe von 20 Investoren für das Geld ab und gab ihnen im Gegenzug 20% des Unternehmens. Jede Person hat ca. 50.000 Dollar bezahlt. Diese 20% sind jetzt fast 90 Milliarden Dollar wert.

Es gibt Gerüchte, die darüber sprechen, wie getrieben Bezos sein kann und wie seine Mitarbeiter den Preis für seine Fahrt bezahlen. Auf der einen Seite gibt es viele, die Bezos als „Sklaventreiber" sehen, auf der anderen Seite ist seine Hartnäckigkeit nur ein Teil seines Charmes.

Nun, meiner Meinung nach kann man kein Omelett machen, ohne ein paar Eier zu zerschlagen. Um Ihr Team zu Höchstleistungen zu bringen, geht es nicht nur um Lagerfeuer und Auszeichnungen, sondern auch um die Vermittlung von Drive by Contact. Für diejenigen, die keinen eigenen Antrieb haben, kann der Antrieb einer anderen Person schwer zu akzeptieren sein, und das ist typisch, wo die Reibung entsteht.

Als Bezos den Versandhandel betrachtete, tauchten zwei Dinge auf. Der erste war, dass er sich bereits in der spezifischen Geisteshaltung befand, die erforderlich war, um das Konzept des Versandhandels mit dem Konzept des Internets zu verschmelzen. Es war ein unvermeidlicher Mix. Es brauchte nur Leute wie Bezos und einige der anderen Titanen der Industrie, um die Vision Wirklichkeit werden zu lassen.

Die Idee war nicht für den Riesen, der Amazon heute ist. Stattdessen sollte die alte Industrie mit einer neuen Anlage verschmolzen werden. Das war der Zweck, durch den Versandkatalog zu laufen und zu sehen, was passen würde. Aber seine Art der Laserfokussierung war hier bereits voll zur Geltung gekommen. Er entschied sich nicht, den gesamten Versandkatalog zu nehmen und daraus ein Unternehmen zu machen, sondern sich nur auf die Bücher zu konzentrieren, weil sie ganz unten auf der Liste standen. Wir haben das vorhin besprochen.

Sie sehen eine Menge Bezos in der Art und Weise, wie Amazon entstanden ist und wie es heute läuft. Die beste Biographie von Bezos ist der Inhalt der Geschichte des Amazonas. Indem er mit Büchern begann, war Bezos' Ziel, Dinge überall in den USA und auf der ganzen Welt versenden zu können, also musste er sich etwas aussuchen, das leicht verschickt werden konnte. Bücher funktionierten großartig, und das Gute daran war, dass es im Versandhandel nicht gut lief, weil es einfach zu viele Titel gab, um eine anständige Sammlung zu machen. Der Punkt ist also, dass die Stärke des Internets und des Computers auf ein bestehendes Unterfangen übertragen werden könnte. Indem er alle Bücher, die er finden konnte (zufällig auf der Millionenzahl angesiedelt), schuf er einen Laden, der nur Bücher verkaufen würde.

Anders als heute, fast zwei Jahrzehnte nach der Jahrtausendwende, gab es in den späten neunziger Jahren keine Anwendungen und Software, die man aus dem Regal holen und ein Unternehmen gründen konnte. Also musste Bezos mit einem Software-Designer zusammenkommen, um einen Ort zu bauen, an dem er die Bücher katalogisieren konnte und die Leute den Kauf tätigen konnten.

Es dauerte fünfzehn Monate, bis die Website fertig war. Mitarbeiter Nummer eins, Shel Kaphan und Nummer zwei, Paul Davis, waren in den ersten Momenten des Beginns von Amazon dabei. Das Netz war da und Webseiten waren tatsächlich entstanden, aber niemand wusste wirklich, wie man das Beste daraus macht.

Bezos ist die Art von Person, die in Dinge springt, ob er die technischen Details dahinter kennt oder nicht. Er wird mehr durch die Vision in seinem Kopf als durch das Arsenal in seinem Inventar angetrieben. Die Idee ist, anzufangen und dann alles zu tun, was nötig ist, um es möglich zu machen. Aber wenn er erst einmal angefangen hat, geht er mit voller Kraft los.

Aber denken Sie nicht, dass alles, was er tut, zufällig ist. Nur weil er anfängt und dann die Details ausarbeitet, heißt das nicht, dass er nicht über seine Handlungen nachdenkt. Nehmen wir zum Beispiel seine Entscheidung, nach Seattle zu ziehen und dort Amazon zu gründen. Diese Idee war, weil das US-Höchste Gericht zwei Jahre früher in Quill Corp gegen North Dakota entschieden hatte, daß es keine Verkaufssteuer geben würde, die von einer Firma gesammelt wurde, die nicht eine körperliche Anwesenheit im Zustand hatte, den der Verkauf gebildet wurde. Bezos schränkte seine Wahl auf Nevada und Seattle ein und ließ sich schließlich auf Seattle nieder, zum Teil wegen dieses Vorteils und auch, weil er in einem Staat sein wollte, der eine kleinere Bevölkerung hatte. Warum eine kleinere Bevölkerung? Denn das würde bedeuten, dass ein kleinerer Teil der Einnahmen in die Umsatzsteuer fließt. Die übrigen 49 Staaten wären nicht in der Lage, Steuern zu erheben und würden den

Löwenanteil des Marktes ausmachen. Die gleiche Denkweise blieb auch bei den Entscheidungen über die Einrichtung von Lagern bestehen. Das nächste Lager wurde in Delaware eingerichtet – keine Verkaufssteuern, an die man denken muss; und das dritte war in Reno, Nevada, ebenfalls ohne Steuern, aber leicht einen Steinwurf von Kalifornien entfernt, das ein riesiger Amazonas-Markt ist. Nichts in Bezos' Aktionen ist zufällig. Alles ist absichtlich, alles ist mit Absicht, und jeder Zweck hat einen unendlichen Horizont.

Wieviel Bezos steckt in Amazon?

Um Bezos den Titan zu verstehen, müssen Sie Bezos die Person auf der einen Seite und Amazon, seine Schöpfung, auf der anderen Seite verstehen. Jede Erzählung, die das eine und nicht das andere adressiert, wird das Ziel verfehlen. Es ist, als würde man versuchen, Shakespeare zu verstehen, ohne eines seiner Werke zu lesen. Im Interesse dessen soll Ihnen das nächste Kapitel einen kleinen Einblick in die Funktionsweise von Amazon geben, indem es Ihnen die lebendigsten Operationen zeigt, damit Sie eine Vorstellung davon bekommen, was genau Bezos zu tun gedenkt und was genau er erreicht hat.

Wenn Sie ein Kunstwerk verstehen wollen, wenn Sie den Inhalt der Symphonie schätzen wollen, müssen Sie den Kontext um es herum aufbauen und verstehen. In den meisten Fällen bedeutet das, dass man Beethoven von seinem Werk verstehen muss und die Arbeit, die er getan hat, von seinem vollen Verständnis her zu schätzen weiß. Wer sich jemals hingesetzt und Beethovens 9. Sinfonie von Anfang bis Ende gehört hat, wird begeistert und voller Ehrfurcht herauskommen. Wenn Sie dann feststellen, dass Beethoven zu der Zeit, als er es komponierte, taub war, werden Sie plötzlich eine neue Wertschätzung für das Werk haben, das tief und inspirierend ist und in der Lage sein, ein klareres Verständnis für das Genie des Mannes zu bekommen.

Die wahre Biographie eines Mannes liegt nicht in den Worten, die Biografen schreiben, sondern im Produkt ihrer eigenen Hände. Sie hinterlassen ihre Fingerabdrücke überall in ihrer Schöpfung, sie hinterlassen ihre DNA, und sie vermitteln ein wenig von ihrer Seele. Genau wie Bezos bei Amazon.

Kapitel 5 – Amazon verstehen, heißt Bezos verstehen

„Positionieren Sie sich mit etwas, das Ihrer Neugierde gerecht wird, etwas, wofür Sie bestimmt sind."

Bezos ist ein Riese in der Welt des E-Commerce, besonders wenn man bedenkt, dass Amazon über 300 Millionen Nutzer hat und wächst. Um das ins rechte Licht zu rücken, das ist fast jeder Mann, jede Frau und jedes Kind in Amerika.

Für einige ist Amazon ein Einkaufszentrum mit Steroiden. Für andere wie die Hunderttausende von kleinen Verkäufern bei Amazon ist es eine Möglichkeit, Geld zu verdienen. Mehr als 100.000 Verkäufer machten im Jahr 2016 mehr als 100.000 Dollar. Im Jahr 2017 gaben Besucher 200 Milliarden Dollar für Amazon aus. Sie hält mehr als 40% aller E-Commerce-Aktivitäten in den USA. Das ist der mit Abstand größte Marktanteil.

Was Sie über Amazon und die Größe des Marktes und das Folgen verstehen müssen, wird nicht auf gerade die Ehrfurcht begrenzt, die die Zahlen hervorrufen. Was diese Zahlen Ihnen sagen sollten, ist, dass es eine kritische Masse in dem gibt, was sie tun, was den Wert des Unternehmens und den Wert von Bezos auf das Endergebnis dieses Unternehmens treibt.

Er schuf einen Weg nicht nur für ihn, um Bücher zu verkaufen, sondern für Sie (jeden da draußen), um fast alles an jeden zu verkaufen. Das ist es, was die meisten Leute nicht verstehen. Sie sehen Amazon überall, und sie sehen es als eine weitere Marke. Amazon ist nicht nur eine weitere Marke. Amazon ist die Brücke zu 300 Millionen Nutzern weltweit (und wächst), die zusammen eine Vielzahl von Geschmacksrichtungen präsentieren, die Sie erfüllen können. Für einen Händler ist das ein wahr gewordener Traum.

Der Rest der Welt sieht 2018, was Bezos 1994 sah. Aber er sah es nicht nur, er ging aktiv hinaus und ließ es geschehen. Wir verwechseln manchmal den wahren Wert eines Unternehmens, so wie wir den wahren Wert einer Person unterschätzen, indem wir eine Zahl zuweisen, die wir zuordnen können. Es ist typisch willkürlich und wird verwendet, um mit begrenztem Umfang zu vermitteln, wie gut, wie groß, wie schlecht, wie großartig etwas ist, oder sein Potential, sein Beitrag und sein Wert. An der Wall-Street verwenden wir Begriffe wie PE,

EBITDA, Aktienkurs, Bondrating und Marge. Auf der Main Street nutzen wir Dinge wie Marktwachstum, Marktdurchdringung, Mindshare und Marktkapitalisierung. Für die Person werden wir von den Auszeichnungen, die sie erhält, dem Titel des Amtes, das sie innehat, und dem Reichtum, den sie besitzt, eingeholt. An und für sich sind diese Metriken in Ordnung. Aber wir sollten unsere eigene Perspektive des wahren Beitrags und Wertes des Unternehmens oder der Person, die auf diesen begrenzten Zahlen basiert, nicht verdecken. Wir sollten nicht vergessen, dass sie nur an der Oberfläche kratzen. Stattdessen sollten wir uns ansehen, welche Herausforderungen sie gemeistert haben, welche Erfahrungen sie gemacht haben und welche Antworten sie gegeben haben. Wenn erstere als das quantitative Maß des Beitrags eingestuft werden könnte, dann würde letztere als das qualitative Maß des Beitrags eingestuft werden.

Bei der Verfolgung eines qualitativen Maßes eines Mannes wenden wir uns instinktiv den Biografien zu, so wie wir uns den Analystenberichten eines Unternehmens zuwenden. Wenn es um Bezos geht, tun wir beides, weil das qualitative Maß eines Mannes in den Anekdoten seines Lebens zu finden ist und der Beitrag, den Bezos geleistet hat und weiterhin leistet, zum Teil durch die Geschichte von Amazon beschrieben wird, und auch die anderen Unternehmen, die er geschaffen hat.

Nehmen wir Blue Origin. Er finanziert Blue Origin aus dem Verkauf seiner Amazonas-Aktien. In den letzten Jahren hat er eine Milliarde Dollar an Amazon-Aktien genommen – zu welchem Preis auch immer, und dann seine Position liquidiert, damit er das Geld aus dem Verkauf in die Entwicklung von Blue Origin einbringen konnte. Sein letzter Verkauf war im November 2017.

Seit diesem ersten Jahr in Seattle war Amazon auf über eine halbe Million Mitarbeiter angewachsen – nach Walmart als dem größten Arbeitgeber Amerikas. Diese Zahl wäre deutlich höher, wenn es nicht die große Kraft der Roboterarme und die ausgefeilte Technologie und Rechenleistung gäbe, mit der Amazon sein Geschäft betreibt. Noch vor fünf Jahren gehörte Amazon nicht zu den Top Ten der amerikanischen Arbeitgeber, jetzt belegt es den zweiten Platz. Ein Beweis für die Grausamkeit der Wachstumsrate des Amazonas. Dazu gehört noch nicht das HQ2 (das weit verbreitete zweite Hauptquartier), das in diesem Jahr eröffnet wird und voraussichtlich rund 50.000 Mitarbeiter auf allen Ebenen beschäftigen wird. Darin nicht enthalten sind auch die weltweiten Expansionen, die Amazon für einige der Überseegeschäfte und weitere 50.000 in den bestehenden Anlagen geplant hat. Schließlich wird nicht nur die Mitarbeiterzahl die 600.000er Marke überschreiten, sondern auch eine höhere Anzahl an Robotern und Automatisierung, um mit den rasanten Wachstums- und Expansionsplänen Schritt halten zu können.

Also, auf der einen Seite, sehen Sie ihn als Arbeitsplatzschaffer in den Gemeinden in ganz Amerika, die die Amazonas-Operationen beherbergen. Aber was Sie auch beachten sollten, sind diese Roboterarme. Ich weiß, dass es manchmal überwältigend ist, durch all die verschiedenen Unternehmungen zu blicken, in die Bezos eindringt, aber es gibt eine beträchtliche Anzahl von ihnen, und obwohl wir nicht auf alle von ihnen eingehen werden, werde ich diejenigen hervorheben, die eine bestimmte Schwelle des Interesses erreicht haben.

Roboterarme

Erinnern Sie sich an all die Dinge, die Bezos als Kind gebaut hat – die elektronischen Gizmos und „Eindringlingsalarme", Solarkocher und dergleichen. Nun, unter ihnen gab es ein ausgeprägtes Interesse, das der junge Bezos aus all seinen Science-Fiction-Büchern hatte – es war der Roboter. Er war fasziniert von dem Roboter und der Elektronik, dem Computer und der Technologie, die darin steckt. Denken Sie auch daran, dass Bezos ein Elektroingenieur ist, der ihm einen Einblick in die Hardware gibt. Neben seinem Studium der Elektrotechnik hat er auch einen Abschluss in Informatik, so dass er auch die Codierung und Software-Seite der Technik versteht. Diese zusammen mit seinem Interesse an Robotern als Kind, und dem was Sie bekommen, ist ein Mann, der einen der weltweit führenden Roboterarm/Automatisierungstechnik-Unternehmen errichtet hat.

Sie haben es gekauft und dann in Amazon Robotics umbenannt. Aber im Kern ist es ein Unternehmen, das die Fabrikautomation und Logistik auf revolutionäre Weise weiterentwickelt. Der Grund, warum man in den Nachrichten nicht so viel darüber hört, ist, dass es, so groß und bedeutsam es auch ist, nicht das Niveau dessen erreicht, was aus Amazon geworden ist. Aber die Essenz des Einfallsreichtums und der Weitsicht kennzeichnen Bezos immer noch, und seine Entscheidung, das Unternehmen zu kaufen, war nicht nur, um Kosten für Amazon zu sparen, sondern auch, um die Technologie so voranzutreiben, dass sie die Ursachen von Amazon vorantreibt und andere Marktteilnehmer ausschließt. Seine strategische Perspektive hält ihn einen Schritt vor anderen Spielern, und ich stelle mir vor, dass es mindestens ein Jahrzehnt dauern würde, bis jemand Amazon oder den gesamten Leistungskorb, den Bezos in dieser Branche gemacht hat, übertrifft, vorausgesetzt, er ist nicht mehr da.

Die wahren Großen – diejenigen, die die Auszeichnungen und den Reichtum, der sie belohnt, verdienen, haben nicht nur eine Vorahnung, wo sie sein sollen, wenn der Markt einen Lauf macht. Die wahren Großen wissen nicht nur, wohin der Markt geht, sondern sie steuern den Markt auch zu der Vision, die sie haben. Bezos hat nicht nur bei Amazon Spuren hinterlassen, sondern auch bei Handel, Verlagswesen und Lifestyle.

Amazon ist eine so robuste Plattform, dass hier nicht nur Millionäre geprägt werden können, sondern auch andere Seiten, die sich zu Geldgebern entwickelt haben – denken Sie an Alibaba.com. Alibaba erkennt klar an, dass das Konzept seines Marktplatzes ein Konzept ist, das Amazon beobachtet und nachahmt. Daran ist nichts auszusetzen. Ich denke, Mimikry ist die beste Form eines Kompliments. Meinst du nicht auch? Und auch für Jack hat es gut geklappt. Es war eine Win-Win-Situation für beide. Es gibt viele Verkäufer auf Amazon, die von Alibaba nehmen und auf Amazon verkaufen.

Das bedeutet effektiv, dass Amazon nicht nur Waren verkauft, die es auf Lager hat, sondern auch einen Marktplatz für andere schafft, um Waren von überall und überall zu finden, die auf seinem Marktplatz verkauft werden können.

Es gibt zahlreiche Nischenverkäufer, die sogar zu Walmart gehen, ihre Autos mit Einzelteilen auf Verkauf laden, dann nach Hause kommen und dieses Material auf Amazonas für einen Profit verkaufen. So etwas wäre ohne Amazon nicht möglich.

Andere gehen zu Aliexpress.com und kaufen Waren, hergestellt in China, für Pennys auf dem Dollar, dann verkaufen sie zurück nach Hause auf Amazonas zum Marktpreis. Einige dieser Unternehmen in China sind sogar bereit, Ihr Etikett darauf zu platzieren, so dass Sie ein Branding erstellen und es dann an das Lager, das Amazon besitzt, versenden können, dann wird Amazon es für Sie an Ihren Endkunden versenden – es ist das FBA (Fulfilled by Amazon) Programm. Auch eine von Bezos' Ideen.

Er hat jeden Aspekt von Amazon genommen und jede Facette davon so optimiert, dass sie für eine Reihe von Teilnehmern Wert und langfristigen Nutzen schafft. Er hat es sogar geschafft, den Wert der Marke zu monetarisieren. Nehmen wir zum Beispiel sein FBA-Programm.

Wenn Sie eine Nische sind, die White-Label-Produkte und Drop-Shipping-Lieferungen verwendet, dann wäre FBA eine Möglichkeit für Sie, die 300 Millionen Kunden von Amazon zu erreichen. Wenn Sie Ihr Inventar besitzen, entweder durch die Herstellung oder durch den Kauf und die Übernahme von Eigentum, dann beginnt die Option, Ihre Artikel Fulfilled By Amazon zu erhalten, eine ganze Menge Sinn zu machen.

Der Amazon-Kunde

Um Amazon zu verstehen, müssen Sie die Kunden und die Art und Weise, wie Amazon mit ihnen interagiert, verstehen. Der typische Amazon-Kunde kann in zwei Gruppen eingeteilt werden. Die erste Gruppe ist diejenige, die unter dem Label Amazon Prime steht. Dies sind die Kunden, die eine jährliche Gebühr für den Priority-Service bezahlt haben.

Die zweite Gruppe von Kunden ist diejenige, die nicht unter diesen Schirm fällt. Marketing mag nicht sein Hauptfach gewesen sein, aber er versteht es definitiv, Wert aus der Differenzierung mit seinem Kundenstamm zu ziehen. Er gibt nicht einen Cent mehr aus, als er muss, und er monetarisiert sogar das Immaterielle.

Ende 2017 gab es mehr als 32 Millionen Prime Kunden. Amazon gab 2016 insgesamt 1,5 Milliarden Dollar für den Versand aus, doch 32 Millionen Primes zahlten fast 3,3 Milliarden Dollar. Wie schlau ist das denn?

Was das bedeutet, ist, dass, obwohl die Primes kostenlosen Versand erhalten, ihre Mitgliedschaft zahlt für alle von der Schifffahrt, dass Amazon auch an reguläre Mitglieder und dann gibt es immer noch ein Gleichgewicht über 1,5 Milliarden Dollar. Jeder gewinnt. Die Primes erhalten eine Ladung kostenloses Material und bevorzugten Versand. Das Unternehmen übernimmt alle Versandkosten und das geht direkt auf den Punkt. Wenn Sie nicht eine Primzahl sind und Sie Material kaufen und für Verschiffen zahlen, fällt das gerade zum Endergebnis außerdem.

Während Prime-Mitglieder nur 10% des gesamten Amazon-Kundenstamms ausmachen, geben sie durchschnittlich 1.600 Dollar pro Jahr aus, gegenüber den anderen 90%, die durchschnittlich etwa 600 Dollar pro Jahr ausgeben.

Amazon war in den letzten 24 Jahren rund um die Uhr an 365 Tagen online. Ein Teil des Algorithmus, der aussortiert, was Sie kaufen und es Ihnen geliefert bekommen, ist auch das Studium, wie Sie kaufen, was Sie kaufen und wann Sie es kaufen. Im Hintergrund läuft ein riesiger Customer Intelligence-Algorithmus, der bei jedem Besuch, bei jedem Kauf und bei jedem Browsen eine Fülle von Informationen gewinnt. Dafür hat Bezos gesorgt.

Bezos und seine Angestellten

In der Recherchephase dieses Buches stieß ich auf zahlreiche Beschwerden über die Arbeitsbedingungen bei Amazon – insbesondere über das Hauptquartier. Ich wollte nichts darüber in das Buch aufnehmen, aber dann, als es anfing zu scheinen, dass die Griffe, über die gesprochen wurde, direkt mit den Arbeitsbedingungen der zerebralen Art und nicht mit der Art von

Gesundheit und Sicherheit zusammenhingen, entschied ich, dass es ein guter Weg sein würde, Bezos und seine Art, Dinge zu tun, zu verstehen. Was ich fand, gab mir nur ein besseres Verständnis der Facetten, die Bezos und sein Ethos in Richtung Arbeit definierten, sowie seinen einzigartigen Fokus auf das Erreichen des erklärten Ziels.

Das erste, was Sie erkennen, wenn Sie bei Amazon arbeiten wollen, ist, dass jeder sehr klar ist, wie viel Arbeit Sie investieren müssen. Das ist kein regulärer 9-5 Job. Dieses ist nicht, wo Sie sich aufstellen, damit das Leben in die Tür geht, wenn Sie 24 Jahre alt sind und Taktgeber heraus, wenn Sie sich zurückziehen, nachdem Sie 30 ungerade Jahre die gleiche weltliche Aufgabe getan haben, und dann Ihre Golduhr sammeln. Nein. Das funktioniert nicht so, und ich wünschte, ich hätte das gewusst, als ich gerade vor all den Jahren auf den Arbeitsmarkt kam – das wäre definitiv ein Ort gewesen, an den ich meinen Hut geworfen hätte, um in Betracht gezogen zu werden. Natürlich, als ich meinen Abschluss machte, war der einzige Amazonas, der existierte, in Südamerika und hatte nichts mit meinem Hauptfach zu tun.

Ich hätte es geliebt, hier als Kind aus dem College heraus zu arbeiten, nicht weil es eine leichte Arbeit gewesen wäre, sondern weil es eine der härtesten Sachen gewesen wäre, die man je getan hätte, wenn du direkt aus der Graduiertenschule gekommen wärst.

Warum?

Weil es von einem Mann geleitet wird, der die Dinge nicht in Schattierungen von hart oder schwierig sieht; er sieht die Dinge so, wie er sie tut oder nicht tut. Fast Yoda-esque. Es gibt kein Maß für den Versuch, und es gibt kein Maß für das Fahren der Aufgabe. Es geht darum, das geplante Ergebnis zu liefern, nicht den Versuch, es zu tun.

Was die breite Öffentlichkeit über die Amazonas-Kultur nicht verstanden hat, ist, dass sie, wie alles andere bei Amazon, ein Spiegelbild von Bezos selbst ist. Sie haben eine treibende Kraft, und das ist die beste im Online-Handel. Und das ist wirklich eine Erweiterung von Bezos selbst, der der Beste sein will, der er in allem sein kann, von dem er ein Teil ist. Wenn er nicht seine ganze Aufmerksamkeit darauf richten kann, wird er es nicht tun. Wenn er nicht sein Bestes geben kann, wird er es nicht tun, und wenn er ihm seine 300% nicht geben kann, dann würde er lieber etwas anderes finden, was er tun kann.

Gewöhnlich würden Unternehmensberater dieses betrachten und sagen, dass es zu vage ist, müssen Sie dieses unten schneiden und es ein wenig mehr fokussieren. Wenn Sie den Fokus nicht haben, werden Sie nicht in der Lage sein, ihn zu kommunizieren, und Sie werden ihn nicht ausführen können. Das sind die Jungs, die keine Ahnung haben, wovon sie reden. Bei Amazon und

Bezos geht es nicht um Prozesse und Ziele, sondern um Zielsetzungen und alles, was nötig ist, um vom Konzept zum Ergebnis zu gelangen. Zu tun, was auch immer es nimmt, um dieses Weihnachtsgeschenk zu Ihrer Türschwelle ein wenig schneller zu erhalten, Ihren Rasenmäher zu Ihnen früher als erwartet zu erhalten, und Ihre Reise zum Speicher weniger schmerzlich und bequemer zu bilden – die ganze Zeit abwehren und weg von den Konkurrenten schlagen, die versuchen, den Markt in ihrem Bild zu emulieren und umzugestalten.

Zu diesem Zweck setzt sich Bezos, genau wie Pops, diese scheinbar unüberwindbaren Ziele und erwartet, dass die, die er um sich herum hat, die Herausforderung annehmen können, indem sie ihre Gedanken und Bemühungen einsetzen. Er ist nicht die Art von Person, die gut auf Ausreden oder Gründe reagiert, dass etwas nicht funktioniert hat.

Aber wenn Sie im Begriff sind, für ihn zu arbeiten, ist die eine Sache, in der Sie Trost finden können, dass er Sie schieben kann, bis Sie glauben, dass Sie im Begriff sind zu brechen – dann geschehen zwei Dinge. Erstens, Sie finden es irgendwo in Ihnen, um es geschehen zu lassen, und Sie wachsen als Person, oder Sie brechen und Sie finden die Grenzen Ihrer Fähigkeit. So oder so, für Bezos zu arbeiten ist nichts für schwache Nerven. Betrachten Sie sich als gewarnt. Aber wenn Sie die

Herausforderung annehmen, sein Sie bereit, so weit zu klettern, wie es Ihr Geist zulässt.

***

Kapitel 6 – Denken wie Bezos

„Es ist kein Experiment, wenn man weiß, dass es funktioniert."

Es gibt zwei Arten von Denkweisen, wenn es um Führungskräfte in der Unternehmenswelt, der Wissenschaft und der Politik geht. Es gibt auch zwei Arten von Spielen, die sie selbst spielen sehen.

Diese Spiele sind nicht wirklich Dinge, an die wir denken, wenn wir daran denken, Spaß zu haben. Dies sind Spiele, die die Art und Weise darstellen, wie wir uns nähern, damit umgehen und miteinander konkurrieren. Bei diesen „Spielen" geht es mehr um den Wettbewerb als um das Spielen.

Spiele beschreiben einen Prozess der Interaktion zwischen Spielern. Ein Auto beim Händler zu kaufen ist ein Spiel. Die Spieler in diesem Spiel sind der Käufer und der Verkäufer, die das Los an diesem Tag erkunden. Das Spiel kann als die Transaktion, die Interaktion und die

Kommunikation gesehen werden. Das Spiel ist immateriell.

Auf der anderen Seite sind die Spieler diejenigen, die das Spiel spielen. Sie initiieren die Kraft, die das Spiel definiert und bewegt, während sie das Gefäß seiner Ergebnisse sind. Im Beispiel des Fahrzeugkaufs initiieren die Spieler den Kauf und der Verkäufer stimmt zu. Wenn der Verkauf abgeschlossen ist, besitzt der Käufer das Fahrzeug – der Eigentümer des Fahrzeugs – und der Verkäufer das Geld – der Eigentümer des Geldwertes. Jeder ist ein Empfänger verschiedener Werte – Werte, die er erhalten wollte.

Es gibt zwei Arten von Spielen, wenn es um die Unternehmenswelt und sogar die Politik geht – die unendlichen Spiele und die endlichen Spiele.

Um das unendliche Spiel zu spielen, haben wir den Infinite Player, und um das endliche Spiel zu spielen, haben wir den Finite Player.

Nun, da wir alle Zutaten für dieses Gedankenexperiment haben, lasst uns anfangen und zeigen, wie alles zu Bezos und Amazon passt.

Begrenzte Spieler

Begrenzte Spieler betrachten einen gemeinsamen Schwerpunkt. Dieser Schwerpunkt ist, dass es ein quantifizierbares, definierbares und bevorstehendes Ende gibt. Es ist entweder dieses

Geschäftsjahresende, dieses Quartalsende, dieser Zyklus – was auch immer, solange er endlich ist.

Unabhängig von Ihrem Zeitrahmen gibt es einen endlichen und definierbaren Endpunkt, auf den Sie sich konzentrieren können. Diese Spieler, die Endlichen, haben eine bestimmte Einstellung, die den Unendlichen Spielern völlig entgegengesetzt ist. Wenn Sie die Züge sehen, die sie machen, die Entscheidungen, die sie treffen, und die Arten von Entscheidungen, die sie typischerweise treffen, beginnen Sie, ein Gefühl dafür zu bekommen, wie sie das Spiel in ihrem Kopf sehen. Schauen Sie sich die Zitate am Anfang jedes Kapitels an und Sie werden eine Vorstellung davon bekommen, welche Denkweise Bezos hat und welche Art von Spiel er spielt. Klingt es wie ein endliches oder ein unendliches Spiel? Lesen Sie weiter, denn Sie werden es verstehen.

Endliche Spiele sind diejenigen, in denen Sie Uhr im Kindergarten, gehen Sie den ganzen Weg zur High School, an eine Universität, bekommen als Führungskraft rekrutiert, bekommen ein paar Beförderungen, Ruhestand, dann nach Florida zu bewegen. Es gibt ein Ziel in jeder Phase, es gibt Regeln für das, was man tun kann und was nicht, es gibt Mentalitäten, die sicherstellen, dass man sich an die Regeln hält.

Unbegrenzte Spieler

Die Sache, die Teil des Charakters eines Unendlichen Spielers ist, ist eine Unfähigkeit zu betrügen. Wenn Sie jemanden treffen, der ein inhärenter unbegrenzter Spieler ist, werden Sie erkennen, dass er die Art ist, der Sie ohne Zögern vertrauen können. Bezos war so eine Person. Auf der Reise nach Seattle hatte er angehalten, um drei zukünftige Mitarbeiter zu treffen, und Shel Kaphan, einer der drei, fiel einfach in eine vertrauensvolle Beziehung mit ihm, so sehr, dass er seine Koffer packte und nach Seattle zog. Das ist nicht einfach. Man kann diese Art von Vertrauen nicht vortäuschen und man kann es mit Leuten wie Shaw und Kaphan und jedem der 20 Erstinvestoren, die im Durchschnitt jeweils 50.000 Dollar ausgegeben haben, nicht vortäuschen, um Amazon auf die nächste Stufe zu bringen.

Unendliche Spiele, auf der anderen Seite, brechen die Formen und haben keine Regeln, außer um das Spiel am Laufen zu halten. Sie spielen das Spiel immer und immer wieder.

Hier ist eine gute Möglichkeit, darüber nachzudenken. Wenn Sie eine Partie Schach mit einer Person spielen und Sie wissen, dass das Spiel nur ein einmaliges Spiel sein wird, und nachdem Sie mit ihnen gespielt haben, werden Sie sie nie wiedersehen. Würden Sie anders spielen? Sie wissen auch, dass der Gewinner die Titel nimmt, dann werden Sie alles tun, was Sie können, um diese Person zu schlagen. Es ist dir egal, ob sie nach diesem Spiel nie wieder mit dir spielen, denn das zweite Spiel ist nicht dein Ziel. Ihr Ziel ist es, das Spiel zu gewinnen.

Wenn Sie den unbegrenzten Spieler nehmen und ihn in ein endliches Spiel setzen, sind die Ergebnisse suboptimal. Das Gegenteil ist der Fall.

Um die besten Ergebnisse zu erzielen, müssen Sie den unbegrenzten Spieler in einem unbegrenzten Spiel und einen begrenzten Spieler in einem begrenzten Spiel platzieren. Wenn Sie den Spieler auf das Spiel abstimmen, sind die Ergebnisse spektakulär. Vor allem, wenn der unbegrenzte Spieler ein revolutionäres Unternehmen führt und seine Manager die Ziele und Aufgaben erreichen, die er sich gesetzt hat.

Erinnern Sie sich, wie Bezos seine Befriedigung in Hedgefonds (bei D.E. Shaw) nicht finden konnte – das ultimative endliche Spiel. Spieler, die das unendliche Spiel spielen, erkennen die Regeln und den Status quo nicht. Es ist nicht so, dass sie die Regeln nicht befolgen, sie sehen nur nicht, wie die Regeln auf ihre Welt und ihr Denken zutreffen. Unbegrenzte Spielersehen von Natur aus nur den Zweck, das Spiel am Leben zu erhalten und sich kontinuierlich weiterzuentwickeln.

Wenn Sie ein endlicher Spieler sind, der Schach spielt, dann werfen Sie einfach alles, was Sie im Spiel haben, um zu gewinnen. Wenn Sie ein unendlicher Spieler sind, dann nehmen Sie jedes Spiel, wie es kommt, studieren Sie die Züge des Gegners, Sie halten das Spiel allmählich eine nach der anderen, und verstehen, dass es höhere Ebenen der Interaktion als nur das physische Spiel gibt.

Es gibt einen ganzen Zweig der Philosophie, der sich auf dieses ganze endliche und unendliche Spiel stützt. Es ist auch eines der Elemente von Nash's Spieltheorie. Der Grund, warum ich das hier erwähne, ist, damit wir uns ein Bild davon machen können, wie Bezos denkt, was seine Beweggründe sind und wie er wirklich mit den Dingen umgeht, die er tut.

Die begrenzt-unbegrenzt Denkweise

Aber es gibt einen wichtigeren Grund für uns, diesen Rahmen zu prüfen. Natürlich können wir Bezos besser verstehen und wir können diesen Rahmen auf eine Vielzahl anderer Leistungsträger anwenden, aber, was noch wichtiger ist, wir können ihn auch auf uns selbst anwenden. Wenn Sie die Leistung einer Person wie z.B. Bezos betrachten und sich selbst betrachten und feststellen, dass Sie eher ein begrenzter Spieler sind, dann ist das Letzte, was Sie tun wollen, zu versuchen, jemanden wie Bezos zu emulieren, der unserer Meinung nach ein unendlicher Spieler ist.

Endliche Spieler sind Leute wie Tiger Woods, Alan Greenspan und Jack Welch. Finite Player sind großartige CEOs und Treiber von Zielen und Ergebnissen.

Wenn Sie dagegen ein Unendlicher Spieler sind, dann müssen Sie sich die ultimative Frage stellen, und zwar, ob Sie glücklich sind, wo Sie sind und was Sie tun. Bezos war nie glücklich über die wenigen Jobs, die er nach Princeton bekam. Selbst bei D.E. Shaw war er nicht glücklich, und er wollte seine Neigungen als Unbegrenzter Spieler befriedigen.

Die nächste Biographie, die Sie lesen, lesen Sie sie mit einem mentalen Rahmen des begrenzten und unbegrenzten Spiels und sehen Sie dies in Ihrem Kontext. Das gibt Ihnen einen besseren Anhaltspunkt, so dass Sie sehen können, wo Sie emulieren können und wo Sie nur beobachten können.

Kapitel 7 – Abseits von Amazon

Vergessen Sie nicht, dass Amazon nicht das Einzige ist, wofür Bezos verantwortlich ist. Er gründete auch Blue Origin.

Der Sinn dieser Biographie besteht nicht nur darin, das Wer, Was, Wo und Wann aufzuzeichnen, sondern die Schichten abzuschälen und zu versuchen, das Warum und Wie zu verstehen. Zwischen Blue Origin und Amazonas, was sehen Sie?

Was mich betrifft, so sehe ich, dass hier ein Mann ist, der über den Horizont schaut und ein klares Bild davon hat, was geschehen muss. Sie und ich dürfen uns die aufkeimende E-Commerce-Branche ansehen und sagen, nun, das ist unbewiesen, und wir werden nicht das Risiko auf eine neue, ausgefallene Idee eingehen. Aber nicht, weil wir keine Risikoträger sind, sondern weil wir nur das Risiko sehen. Das Risiko verdeckt unsere Sicht auf das Ziel.

Was Bezos betrifft, so sieht er das Ziel und da er ein Infinite Player ist, sieht er das Risiko nicht als

Risiko; er sieht es als Teil des Pakets. Ich habe mit zahlreichen Risikoanalysten gesprochen und sie alle sagen eines deutlich: Wenn man das Risiko eines Startups wie Amazon berechnet, dann gibt es keinen plausiblen Grund, es zu starten. Es gab in der Geschichte noch andere Männer wie diese. Christoph Kolumbus, zum Beispiel. In seinem Fall konnte er buchstäblich nicht sehen, was über dem Horizont war, und in einer Welt, die glaubte, dass, wenn man an den Rand kommt, man herunterfällt, er entweder das Risiko nicht sehen konnte, oder er war so tapfer, dass ihn das Risiko, von der Kante zu fallen, nicht störte. Das sind unendliche Spieler.

Ein weiterer Aspekt, der eindeutig darauf hindeutet, dass Bezos ein unendlicher Spieler ist, ist, wie bereits erwähnt, seine Beteiligung an Blue Origin. Blue Origin ist ein Unternehmen, das zunächst mit dem Bau von Raketentriebwerken begann, schnell über das ursprünglich gesteckte Ziel hinauswuchs und damit begann, Fahrzeuge zu bauen, die in eine niedrige Umlaufbahn gingen. Ihr Ziel war es, den kommerziellen Kunden in den Weltraum zu bringen.

Sehen Sie eine Nachfrage nach Menschen, die ins All gehen? Vor es ist fast wie das Sehen, wenn Leute eine Spülmaschine online 35 Jahren kaufen würden. Aber Bezos sieht diese Dinge, weil er ein unendlicher Spieler ist. Er ist nicht durch den Wunsch begrenzt, die Renditen dieses Quartals und die Budgets des nächsten Geschäftsjahres zu erfüllen. Seine Vision braucht einen längeren Bogen und eine höhere Rendite für jede mögliche Investition. Denken Sie daran, was die Rendite der ersten Gruppe von Angel-Investoren, die 20% des Unternehmens im Gegenzug für 1.000.000.000 Dollar.

Was ist mit Amazon und Blue Origin? Wie fügt man sie in diesen Rahmen endlicher und unendlicher Spiele ein? Die Beweise machen es so deutlich, dass sie fast selbstverständlich erscheinen. Bezos spielt ein unendliches Spiel in beiden. Also, was Sie haben, ist ein Infinite Player, der ein unendliches Spiel spielt. Er nahm einige der Belohnungen des ersten unendlichen Spiels, das spektakulär war, und investierte es in das zweite. Er erweitert das gesamte Spiel in die Zukunft.

Er wusste schon als Teenager genau, was er tun würde. Für seine Abschiedsrede in der Highschool sprach er über den Bau von Raumstationen und die Schaffung einer besseren menschlichen Umgebung. Zum Teil hat er das gesagt:

„...um Weltraumhotels, Vergnügungsparks und Kolonien für 2 Millionen oder 3 Millionen Menschen im Orbit zu bauen. Die ganze Idee ist, die Erde zu erhalten", sagte er der Zeitung. „Ziel war es, Menschen evakuieren zu können. Der Planet würde ein Park werden."

Jeff Bezos ist der Inbegriff des unbegrenzten Spielers, nicht nur, weil er sieht, was hinter dem Horizont liegt, sondern auch, weil er um mehr als die Belohnung spielt. Er spielt für den Zweck und er spielt für die Verbesserung. Für Leute wie ihn ist der Erfolg einfach, aber es sind nicht die gleichen Maßstäbe, mit denen die Zuschauer ihn betrachten, so dass sie seine Handlungen, Motive und Energien missverstehen.

Am ehesten kann man an einen unbegrenzten Spieler denken und diesen mit einem endlichen Spieler vergleichen, wenn man an einen Langstrecken-Marathonläufer und einen 100-Meter-Sprint-Athleten denkt. Sie haben zwei sehr unterschiedliche Leute und Sie können nicht einen Spieler auf die Spur des anderen bringen.

Der Marathonläufer ist auf der Suche nach Distanz, und seine Aufgabe ist es, im Moment zu bleiben, aber in Bewegung zu bleiben. Er ist nicht daran interessiert, wo seine Konkurrenten sind (dies ist nur ein Beispiel, um den Punkt zu betonen). Der Sprint-Athlet hingegen macht sich ständig Gedanken darüber, wo sich die Teilnehmer befinden und wie er schneller vorankommen kann. Aber das ist nur von außen. Der Punkt, der wirklich zur Hand ist, ist, dass der Körperbau eines Langstreckenläufers sich deutlich von dem eines Sprintläufers unterscheidet. Alles, von der Art und Weise, wie die Energie verwaltet wird, über die

Muskeln, die sich entwickeln, bis hin zur Art und Weise, wie sie atmen, ist unterschiedlich.

Es ist die gleiche Art und Weise mit begrenzten und unbegrenzten Spielern. Sie sind so gebaut und spielen so. Das Problem ist nicht das Spiel oder der Spieler. Das Problem entsteht, wenn man den unbegrenzten Spieler in ein endliches Spiel einsetzt, genau wie Bezos, als er bei seinem Hedge-Fonds-Job war; und wenn man einen unbegrenzten Spieler in ein unendliches Spiel einsetzt.

Es ist schlimmer für Unendliche Spieler, weil diese Welt und die Mentalitäten der Welt im Allgemeinen endliche Fristen und endliche Meilensteine befürworten und fördern. Vom Kindergarten über das Gymnasium bis hin zu den Hochschulen und darüber hinaus ist das gesamte System aufgrund aller Messungen und Bewertungen für inhärent endliche Spieler konzipiert. Diese Bewertungen und Strukturen zwingen das Spiel, als endliches Spiel gespielt zu werden, und das bringt normalerweise einen inhärenten unbegrenzten Spieler durcheinander. Meistens sind die Leute überrascht zu hören, dass ein Kind, das in der Schule nicht gut war, plötzlich die Schule verlässt, die Schule verlässt und alleine aussteigt, nur um extrem reich zu werden. Gates und Zuckerberg kommen mir in den Sinn.

Es gibt jedoch viele der Unendlichen, die es aushalten und sogar in der endlichen Umgebung gut abschneiden, aber mit dem, womit sie zu kämpfen haben, ständig nicht zufrieden sind. Entweder finden sie den Punkt in ihrem Leben, an dem sie das Reale erreichen, oder sie bleiben in der endlichen Welt und kämpfen ihr ganzes Leben lang im Mittelmaß. Bezos wusste genau, was er wollte, und er segelte einfach in der endlichen Welt mit, bis seine Gelegenheit, das unendliche Spiel zu spielen, auftauchte. Deshalb konnte er den Sprung von seinem Tagesjob machen, als die meisten Menschen den Status quo überschritten hätten.

Die eine Sache, die natürlich zu denen kommt, die das unendliche Spiel spielen, ist die Kunst, Fehler zu machen. Fehler zu machen und Dinge nicht richtig zu machen, ist etwas, was viele Menschen verabscheuen und andere fürchten. Aus welchem Grund auch immer, sie finden, dass Fehler sie eine Kerbe zurücknehmen oder sie sehen sich selbst im Licht der endlichen Welt, also sehen sie ein Bild, das weniger ist als das, was sie selbst zu sein wissen. Denken Sie eine Sekunde darüber nach. Das gibt ihnen die Kraft und die Visualisierung, die sie brauchen, um durch Fehler, Irrtümer und Ausfälle zu überstehen. Denn für sie sind das keine Fehler, Fehler oder Ausfälle, sondern nur die Art und Weise, wie das unendliche Spiel gespielt wird. Es gibt keine Gewinner und Verlierer, wenn Sie das unendliche Spiel spielen, und deshalb haben Sie keine Angst davor, Fehler zu machen.

Langfristig dienen Infinite und Finite Player unterschiedlichen Zwecken. Keines von beiden ist gut oder besser als das andere; sie sind einfach anders. Aber wenn Sie dem, was Sie sind, treu bleiben und das Spiel spielen, für das Sie gebaut wurden, ziehen Sie Wert aus Ihrem Beitrag. Genau wie Bezos es bei Amazon getan hat, und genau wie er es bei Blue Origin tut.

Wenn Sie sich seine anderen Investitionen ansehen, können Sie einen Einblick in sein Denken und in seine Sicht der Welt um ihn herum gewinnen. Er ist sehr praktisch in Bezug auf seinen gegenwärtigen Moment, aber auch im Bewusstsein des Potenzials, dem wir alle gegenüberstehen. Er ist ein namentlich genannter Investor in einer Reihe von Start-ups, die zu dieser Zeit stattfanden. Zum Beispiel ist er einer der ersten Investoren bei Google und war fast einer der ersten Investoren bei eBay.

Seine Investitionen werden von einer Firma namens Bezos Expeditions verwaltet. Bezos Expeditions investiert aktiv in Unternehmen und Branchen, die strategische Synergien mit den Interessen in den Bereichen haben, in denen Bezos selbst tätig ist. Seine Investitionen sind nicht nur darauf ausgerichtet, den finanziellen Ertrag ohne strategischen Nutzen zu maximieren.

Seine Investitionen entsprechen seinen Überzeugungen und werden typischerweise dann getätigt, wenn sie einen größeren Zweck haben. Seine anfängliche Investition in die Raketenmotorenfirma war nicht nur eine Investition, sondern etwas, das ihm am Herzen lag. Schließlich wurde diese Investition allmählich zu etwas mehr. Um Bezos zu verstehen, muss man ihn so sehen: es gibt nichts Zufälliges an seinen Handlungen. Wie bei den Raketentriebwerksfirmen ist es sehr einfach, aufzuspringen und zu fragen, was hat ein E-Commerce-Titan mit Raketentriebwerken zu tun? Nun, wenn wir es oberflächlich betrachten, dann ist die Antwort „nichts", aber wenn man die Investition auf der Grundlage der Person betrachtet, kann man sehen, dass die Raketenmotor-Investition nur ein detailliertes Stück in einem riesigen Puzzle in Bezos' Kopf war. Er wusste sehr früh, was er tun wollte und wohin er wollte, er sammelte nur die Preise, die er brauchte, um dorthin zu gelangen.

Wenn wir uns die anderen Investitionen ansehen, die er über Bezos Expeditions getätigt hat, gibt es nur einige, die Ihnen auffallen und die Tatsache bestätigen sollten, dass er ein Infinite Player ist. Bezos Expeditions (BE) tätigt durchschnittlich zwischen 5 und 7 Investitionen pro Jahr. Seine jüngste Investition in die Biotechnologie ist eine der neugierigsten, denn ihre Hauptforschung und ihr erklärtes Ziel ist die Verlängerung der Nutzungsdauer, oder wie sie es nennen, „Verlängerung Ihres gesunden Lebens". Das ist eine Möglichkeit, sich auf ein Unternehmen zu beziehen, das sich mit Alterung und Verlängerung beschäftigt.

Es gibt immer eine Methode für seine Wege. Im Vorfeld seiner Ankündigung, in Raketentriebwerke zu investieren, nutzte Bezos eine Reihe von Mantelgesellschaften, um Land in Texas zu erwerben. Zwischen der Menge des Landes, das er persönlich gekauft hat, und dem Erbe des Landes, das er von seiner Familie erhalten hat, ist Bezos einer der größten Grundbesitzer im Bundesstaat Texas. Seine Aktionen waren wiederum nicht zufällig; seine Einkäufe dienten der Einrichtung des Startplatzes für Blue Origin und des Raumfahrtprogramms. Während die Handlungen zum Zeitpunkt ihrer Entstehung nicht offensichtlich schienen, fielen sie schließlich zusammen.

***

Kapitel 8 – Mentales Manifest

„Wenn Sie sich entscheiden, nur die Dinge zu tun, von denen Sie wissen, dass sie funktionieren werden, werden Sie eine Menge Möglichkeiten auf dem Tisch lassen."

Wir beendeten das letzte Kapitel über Blue Origin im Zusammenhang mit endlichen und unendlichen Spielen. Wenn nichts anderes, sollten Sie beginnen, eine Vorstellung davon, wie die beiden Spiele aussehen, und Sie sollten in der Lage sein, die Investitionen und Unternehmen, die Bezos macht, um eine Vorstellung davon, wer, und was, er ist. Viele der Dinge in seinem Leben fallen mir unerbittlich auf, wenn ich beweise, dass er tatsächlich ein unendlicher Charakter ist. Selbst wenn er gegenüber Leuten, die Fehler machen, intolerant ist, sind seine Witze: „Warum verschwendest du mein Leben?"

Denken Sie eine Sekunde lang an die Psychologie darin. Er sagt nicht, was die Leute normalerweise sagen: „Warum verschwendest du meine Zeit?" Stattdessen spricht er über sein „Leben". Er sieht seine Zeit im Kontext und mit der Perspektive von so viel Sinn. Es gibt so viel, dass er weiß, dass er nicht herumalbern muss. Die meisten Leute, die für ihn arbeiten, können das nicht immer annehmen. Sie sind entweder Finiten in einer unendlichen Umgebung oder Unendliche, die an die endliche Welt gewöhnt sind und etwas bekommen, was sie nicht erwartet haben. In beiden Fällen ist es normal, dass diejenigen, die sich in der Nähe einer Mission befinden, nicht mithalten können.

Das ist typisch, warum er dort ist, und sie versuchen immer noch, es in der Welt zu schaffen. Viele seiner Mitarbeiter führen seine Natur darauf zurück, jemand zu sein, der es eilig hat und sehr ehrgeizig ist. Das ist eine Annahme, die nicht trivial akzeptiert werden sollte. Es geht nicht um Ehrgeiz im traditionellen Sinne von „Hey, was willst du werden, wenn du groß bist"? Sein Ehrgeiz ist nicht wirklich ein Ehrgeiz; es geht um den Zweck. Er sieht sich selbst nicht als jemand, der große

Träume hat und sie in die Realität umsetzen muss. Er sieht sich selbst als jemand, der bereits dazu bestimmt ist, dies zu verwirklichen.

Wie viele Menschen reden über den Bau von Weltraumkolonien und wachsen tatsächlich auf, um über eine halbe Milliarde Dollar in sie zu investieren und sie zum Laufen zu bringen. Ja, das stimmt, Blue Origin ist der Kurve so weit voraus, dass es so aussieht, als würden sie ihre Marke behalten und bis 2018 den ersten Kunden im Weltraum treffen.

Eine andere Sache bei Infinites ist, dass sie die Dinge nicht als große Träume oder kühne Ziele sehen. Sie sehen es als den nächsten Schritt dahin, wo sie gerade sind. Sie analysieren diese Ziele nicht im Kopf in Leistungen und Meilensteine, sie sehen das Ganze. Genau so macht es Bezos. Die meisten Menschen sind verwirrt über seine Fähigkeit, große Ideen zu sehen und gleichzeitig die Leistungen und Aufgaben der Mitarbeiter zu verwalten. Das ist eines der Dinge, die Infinites tun, und das gleiche ist auch all denen passiert, die mit Steve Jobs gearbeitet haben. Wenn sie das ganze Bild sehen, sehen sie die ganzen neun Meter und jeden Zentimeter dazwischen. Es gibt keinen Unterschied im Mikro- oder Makrobild; es gibt keinen Wald für die Bäume, es ist alles auf einmal.

Er kann das, weil, wie viele um ihn herum wiederholt beobachtet haben, Bezos grenzenlose

Energie hat. Er hat eine enorme Belastbarkeit in seinem Streben, und er hat nicht die Absicht, aufzuhören. Erfolgreiche Menschen glauben an ihre Vision und was sie tun. Bezos hört nicht beim Glauben auf; er weiß, was er tun soll, und er steht einfach jeden Tag auf und tut es. Dann, wenn er dort ankommt, hat er mehr Inspiration, um zur nächsten Sache überzugehen. Und so ging er von den Büchern zu allem über. Wie das Motto für Blue Origin so eloquent das Ethos von Bezos widerspiegelt, bedeutet „Gradatim Ferrositer" frei übersetzt „Schritt für Schritt mit Grausamkeit".

Die meisten ehrgeizigen Menschen wollen es mit einem einzigen Sprung schaffen. Das ist die Sache; er scheint dem Sprichwort zu folgen: „Rom wurde nicht an einem Tag erbaut." Im Gegensatz zu vielen der Menschen, die die Liste der reichsten Menschen, oder die Liste der am meisten erreicht haben, ist die Sache über Bezos, dass er leicht zu beobachten und zu verstehen, wenn Sie sich seine Motive.

Bezos' Motive waren immer klar, und er war immer offen für sie. Er geht unerbittlich nach jedem Tor, aber er macht sich keine Sorgen über das Scheitern. Wenn er das tut, hebt er sich einfach auf und macht weiter.

Im Laufe unserer Geschichte als Land und unserer Geschichte als Zivilisation haben wir Männer von Größe aus dem Stein des Unendlichen Spiels geschnitzt gesehen. Churchill, die Gebrüder Wright, Steve Jobs und vieles mehr. Diese Männer des Unendlichen Spiels haben alle die gleichen Eigenschaften und die gleichen Perspektiven. Man kann ihre Muster auf der ganzen Linie sehen, unabhängig davon, in welchem Alter sie ihre Wirkung entfaltet haben. Es gibt eine Reihe von Menschen in unserem Leben, die offensichtlich Unendliche waren. Bezos ist nur einer von ihnen.

Es ist ein verbreiteter Irrtum unter Akademikern, die der Meinung sind, dass sich CEOs und Vorstandsvorsitzende nicht mit den Details des Unternehmens befassen sollten. Sie sagen, dass sich die Gründer und Führungskräfte mit der strategischen Ausrichtung des Unternehmens und den großen Ideen beschäftigen sollten. Sie sollten keine Zeit mit Kleinigkeiten verschwenden. Aber das ist absolut nicht wahr und das ist nicht die Art und Weise, wie Bezos Geschäfte macht. Er ist, wie man so schön sagt, ein harter Arsch. Er kennt alle Details und versteht sie genau. Er kennt auch das große Ganze. Wer könnte in seinem Kopf das Gesamtbild kennen, wenn man die Details nicht kennt? Und er hat Recht. Der Grund dafür, dass diese Eigenschaft missverstanden wird, ist, dass diejenigen, die typischerweise Unendliche sind, die Fähigkeit haben, beide Schichten eines jeden Unternehmens zu handhaben – die Details und das Gesamtbild. Das ist einer der Gründe, warum Bezos ist, wer er ist.

Bezos' offensichtliche Kraft der Belastbarkeit kommt von seiner absoluten Hingabe an seinen Lebensinhalt, die sich aus seinen Taten und Worten ergibt, dass er alles, was er berührt, verbessern will und dazu gehört, die Welt zu einem besseren Ort zu machen. Es gibt ein Gefühl der Größe an ihm, das über alles, was er tut und wie er denkt, hinausgeht. So steuern unbegrenzte Menschen diese Welt.

***

Kapitel 9 – Eine schließende Betrachtung

„Behalten Sie das Offensichtliche immer im Griff."

Mit einem besseren Verständnis von Bezos und den Errungenschaften, die er im Laufe des letzten Vierteljahrhunderts und wirklich im Laufe seines Lebens gemacht hat, gibt es viele Fälle, auf die wir zurückblicken können, um zu verstehen, dass er schließlich ein Mensch ist. Das können wir nie vergessen. Er ist weder übermenschlich noch begabt. Er ist keineswegs ein Wunderkind.

Bezos ist nur jemand, der gefahren wird. Sein Verstand kommt aus dem Drängen und dem Wunsch, die Lücken zu füllen. Er kann einfach nichts loslassen, ohne zu verstehen, was es ist und das Rätsel zu lösen, bevor er zur nächsten Sache übergeht. Er will auch ins Spiel kommen und alles reparieren, was repariert werden muss, und wenn es nicht repariert werden muss, will er einsteigen und der Katalysator dafür sein, dass es sich entwickelt.

Er kann die Dinge einfach nicht in Ruhe lassen – und in diesem Fall hat es sich als eine gute Sache erwiesen.

Was jedem, der Bezos studiert, bald einfallen würde, ist, dass er untrennbar mit Amazon verbunden ist, und ich meine das nicht nur auf eine natürliche Art und Weise. Ihre Verbindung ist mehr als das. Amazon ist fast ein perfektes Spiegelbild von ihm – fokussiert, fair, getrieben und doch ganz am Ball. Sie sehen, Bezos kann insgesamt eine sehr angenehme Person sein, mit der man sich auseinandersetzen kann, und doch kann sie auf Knopfdruck hart wie ein Nagel sein.

Nachdem er Houston im Auto seines Vaters verlassen hatte, fuhr Mackenzie, während er immer wieder auf einen Businessplan hämmerte und die Zahlen auf seinem Laptop laufen ließ. Sie hielten in Kalifornien an, um Shel zu treffen, dann fuhren sie weiter nach Seattle.

Als sie anfingen, waren es nur die drei: Mackenzie, Bezos und Shel. Sie arbeiteten von der Garage des Bezos Hauses aus, um die Betriebskosten niedrig zu halten, und sie waren ständig in Bewegung – Treffen mit Buchlieferanten, Treffen mit Spediteuren und Spediteuren, Treffen mit möglichen neuen Mitarbeitern. Es gab auch eine

Menge Coding, da sie die Datenbank einrichten mussten, um die Millionen von Büchern zu speichern, die Bezos im Visier hatte.

Sie mussten auch die Website einrichten, also hat Shel das immer wieder zusammengesetzt. Nicht lange danach nahmen sie die zweite Stelle an, und dann arbeiteten sowohl Shel als auch der neue Mann, Paul, weiter an der einfachen Benutzeroberfläche für das, was schließlich die Haupt-Homepage von Amazon werden sollte, die Sie heute sehen. Aber denken Sie daran, damals verkauften sie nur Bücher.

Es war nicht so einfach zu starten, wie man denkt, aber es wäre auch nicht so schwer für andere gewesen, ihn zu beflügeln und zum Laufen zu bringen. Es wurde ein enormes Maß an Arbeitsethik gezeigt, zusammen mit Disziplin und dem Glauben an die Idee.

Die Ressourcen waren knapp, wie Sie gesehen haben, und sie dehnten es aus, indem sie alles verdoppelten, was sie konnten; Cafés wurden zu Treffpunkten, Türen zu Tischen, Wohnungen zu Büros. Sie haben es verstanden. Es ist nicht anders als das, was die meisten Leute getan hätten, wenn sie ein Geschäft aus der Garage ihres Hauses heraus gestartet hätten.

Die Dinge, die unterschiedlich waren, waren, wie absichtlich jede Handlung war. Ich kann nicht anders, als alle Fingerabdrücke von Bezos zu sehen, wie die Dinge aufgebaut und strukturiert wurden. Es war eine Art Ironie, im Bellevue „Barnes und Noble" zu sitzen und den Aufstieg eines Unternehmens zu planen, das eines Tages zu „Barnes und Noble" hinunter schauen würde. Ich frage mich, ob die Manager das gewusst hätten, hätten sie Bezos, Mackenzie und Shel noch erlaubt, sie als zweite Operationsbasis zu nutzen.

Als die Zeit kam, Bargeld in das Geschäft einzubringen, war es zu der Zeit fast schon ein Berühren und Gehen. Bezos, der für das geschäftliche Ende der Idee verantwortlich war, begann in Seattle mit dem Einkauf von VCs. Es gab das Gefühl, alles in der Nähe von zu Hause zu haben. Er kaufte einige der Geldgeber und bekam einen Bissen. Es war eine VC-Firma in der Innenstadt von Seattle, die sich schließlich bereit erklärte, die gesamten 1 Million Dollar an Eigenkapital zu übernehmen, aber die Gespräche gingen in Flammen auf, als sie die Bewertung von Bezos halbierten und im Gegenzug 50% der Aktien von Amazon übernehmen wollten.

Bezos lehnte es ab, ohne zu zögern und mit der ganzen Reflexion, die man sich vorstellen kann. Wie Sie bereits aus einem frühen Teil des Buches wissen, überzeugte er schließlich Freunde, Familie (seine Eltern unter ihnen), Ex-Kollegen und alle, die er kennt, um zusammenzukommen und diese erste Million zu finanzieren. Sie haben nur 20% dafür bekommen.

Bezos spielt dieses Ereignis nicht herunter und ist sehr nüchtern über die Tatsache, dass, wenn diese Million Dollar nicht durchgekommen wären, Amazon nie in der Lage gewesen wäre, den Boden zu verlassen.

Hier ist ein weiterer Grund, warum Bezos als Amazonas-Verkörperung eine absolute Tatsache ist. Nach dem Erfolg von Amazon wurden die Grundsätze der VC-Firma, die die Risikoprämie bei Amazon hochhielt und die niedrigere Bewertung forderte, zu dieser Entscheidung befragt. Am auffälligsten war für sie, dass sie Amazon als Erweiterung von Bezos und nicht nur als Risikokorb sehen sollten. Sie waren sicher, dass „Barnes und Noble" sie verprügeln würden, sobald der Amazonas in Sicht kam. Sie zählten nicht auf Bezos' Belastbarkeit und Hartnäckigkeit, ganz zu schweigen von seiner Fähigkeit, aus der Ecke zu denken.

Der Server war endlich fertig und die Website war fertig – einfach, aber funktional, auch die Datenbank war fertig. Paul und Shel hatten es geschafft, gute Arbeit zu leisten. Am 5. Juli 1994 machten sie endlich das Licht an. Es gab keine Pre-Opening-Werbung – denken Sie daran, dies ist der Anfang der 90er Jahre und es gab nicht Google PPC. Es gab Netscape-Browser und wenig mehr.

Zweifellos klingelte das Internet mit einem jährlichen Wachstum von über 300% schnell, aber die Infrastruktur war immer noch ziemlich dünn. Es gab noch eine Brücke, die man zwischen Ziegel und Mörtel und E-Läden überqueren musste. Übrigens gab es damals weder Facebook noch den Hinweis auf Social Media. Die Crossover-Unternehmen mussten die Möglichkeit haben, bestehende Kunden über das Internet auf ihre Website zu bringen oder mit herkömmlichen Mitteln für ihre Präsenz zu werben und sie dann von dort aus zu besuchen. Ein reines Online-Spiel war noch weitgehend unbekannt, und Amazon war in der Tat auf dem Weg in den dichten Dschungel, bis hin zu den Herausforderungen, Leute dazu zu bringen, die URL einzugeben und einen Kauf zu tätigen.

Bezos und Shel rüsteten die Computer so aus, dass sie bei jedem Verkauf ertönen konnten, und das schon bald nach dem Going Live. Jedes Mal, wenn ein Verkauf eintrat, erklang er treu. Innerhalb des ersten Monats wurde es ablenkend, da das Volumen der Dings rapide zunahm. So sehr, dass sie es ausschalten mussten.

Bis der Fall herum rollte, taten sie herum 20.000 Dollar in den wöchentlichen Verkäufen. Nichts davon wurde entfernt. Es wurde alles zurück in das Wachstum des Unternehmens gepflügt. Das war Bezos' Markenzeichen. Selbst als Alter Ego verhielt er sich im Namen von Amazon so, wie er sein eigenes Leben führte. Er benutzte das Geld zur Reinvestition und blieb sparsam. Für ein Startup, das in den 90er Jahren Umsatz generieren sollte, war es fast unbekannt, ein Technologieunternehmen zu sein. Die geplatzte Blase der Internet-Revolution in den neunziger Jahren ist übersät mit Geschichten von gescheiterten Unternehmen, hohen Bewertungen auf dem Rücken von Null Einnahmen und negativer Rentabilität. Die Unternehmen waren damals immer auf dem Weg in die VC-Gasse, um auf der Grundlage eines Versprechens und eines Lächelns Erkenntnisse zu sammeln.

Amazon hingegen verdiente echtes Geld und setzte es wieder ins Geschäft ein. Bezos' Pitch an bestehende und zukünftige Investoren sollte vor der Dividende reinvestiert werden. Sie waren sich alle einig. Die Sache über den ersten Engel Runde von Investitionen, die eine Million Dollar, die man verstehen muss, ist, dass es nur auf die Beziehung gegeben wurde. Lassen Sie uns das klarstellen. Es war kein Geld, das einem Freund gegeben wurde; es war Geld, das in ein Geschäft investiert wurde, das jemand, dem man sehr vertraut hatte, förderte. Seine Eltern investierten ein paar hunderttausend Dollar – den Löwenanteil – obwohl Mikes erste Frage an Bezos lautete: Was ist das Internet? – diese Frage wurde anscheinend von allen anderen Freunden und Familienmitgliedern, die in Bezos investiert haben, aufgegriffen. Wir müssen uns darüber im Klaren sein, dass ohne Bezos keine Investitionen getätigt worden wären. Bezos hätte den Verkauf von Toilettensitzbezügen unterstützen können und diese erste Gruppe hätte die Bemühungen noch unterstützt. Dies ist ein weiterer Grund, warum Amazon Bezos ist.

Im Jahr 1999 ging Bezos an Kleiner Perkins und sammelte erfolgreich 8 Millionen Dollar in einer Serie A (der ersten bedeutenden Runde von Risikokapitalfinanzierungen eines Unternehmens). Zwei Jahre später ging Amazon mit 18 Dollar pro Aktie an die Börse. Zwei Jahre später wurde Bezos zum Mann des Jahres der Zeit gewählt. Dies war wohlverdient, weil die Zeit den Beitrag von Bezos zum Internet richtig erkannt hat und wie er den E-Commerce-Aspekt popularisiert hat.

Was die meisten Leute nicht über das Internet erhalten, ist, dass es eine Welt ist, in der Wissen und Handel koexistieren und es kein Zufall ist, dass sich Amazon von dieser Beziehung ernährt. Die moderne Iteration von Amazon, die schnell in der Lage war, alles und jedes an jeden und fast jeden zu verkaufen, basiert auf der Fähigkeit, Informationen über Produkte und das zugrunde liegende Problem zu erhalten, das sie löst. Bezos war direkt für die Struktur und Form des Internets verantwortlich, als er Amazon und seine heutige Form entwarf.

Bezos passt einfach und bequem in beide Rollen – die Rolle, Wege ins Unbekannte zu führen und zu gehen und von anderen Leitern zu lernen. Das ist wirklich das Zeichen eines wahren Führers.

Seine Führungsqualitäten waren nicht die von typischen Managern; es war mehr. In dem, was er von einem Mitarbeiter verlangt, herrscht ein Hauch von Intensität, der keineswegs eine Einbahnstraße ist. Er verlangt dasselbe von sich selbst und tut es wahrscheinlich sogar in höherem Maße.

Die Marke der Führung, die in der Faser seines Seins verwurzelt ist, ist eine, die versteht, dass Perfektion nicht unerreichbar ist und dass der Status quo nur vorübergehend ist. Sie können es entweder so ändern, dass es zu Ihrer Vision passt, oder jemand anderes wird es so ändern, dass es zu ihrer passt, in diesem Fall werden Sie der Nachfolger, und sie werden als Leiter eingeweiht.

***

Kapitel 10 – Bezos der Philantroph

Bezos' Karriere- und Leistungsbogen ist immer noch aufsteigend. Philanthropie für große Leistungsträger kommt gewöhnlich nicht, bis sie beginnen, von der Welt der Vollendung und des Tuns zurückzutreten und in Richtung zu ihrem eigenen Ruhestand und zu silbernen Jahren verblassen.

Es gibt keinen einzigen Standardgrund dafür, aber es ist in der Regel, weil Philanthropie ist nicht nur das Schreiben eines Schecks zu Ihrer Lieblingsursache und mit ihm getan werden. Philanthropie ist mehr als Wohltätigkeit und ein Steuerabzug. Philanthropie bedeutet wirklich zu verstehen, was Ihnen viel bedeutet und die Ursache hinter dem Geben zu verstehen. Dies erfordert viel Zeit und Einzigartigkeit des Fokus und Bezos ist nicht die Art von Person, die etwas mit weniger als 100% seiner Aufmerksamkeit und seines Interesses tun kann.

Obwohl er sich noch nicht so sehr damit beschäftigt hat, hat er in den letzten Jahrzehnten für einige Wohltätigkeitsorganisationen gespendet. Vor kurzem schickte er sogar einen Hinweis darauf, worauf sich seine eventuelle gemeinnützige Stiftung konzentrieren könnte, und es sieht so aus, als ob es etwas mit dem aktuellen Nutzen zu tun haben wird – was bedeutet, dass er möchte, dass seine Stiftung sofort Wirkung zeigt. Vielleicht nicht alle seine Nächstenliebe und nicht sofort, aber die erste Runde seiner Ideen sieht so aus, als ob es Ideen sein werden, die sich auf die Schaffung von Hilfe konzentrieren, die in einer unmittelbaren Situation und in einer dringenden Weise verwendet werden könnte.

Aber für die unmittelbare Vergangenheit, die karitativen Spenden, die bisher durchgeführt wurden, wurden in Bereichen, die Einwanderung, Bildung und Gesundheitswesen.

Ihre gesamten Spenden für wohltätige Zwecke im Gesundheitswesen flossen bisher vor allem in die Krebsforschung sowie in die Neurologie. Konkret handelt es sich bei dem von ihnen geförderten Forschungsgebiet um ein neues Feld, das die Datenerhebung nutzt, um die zukünftige Forschung auf diesem Gebiet sinnvoller zu gestalten. Dies legt vielen Forschern und Philanthropiebeobachtern nahe, dass die von der Familie Bezos organisierte Philanthropie, zu der auch die Gelder von Jeff und Mackenzie gehören, auch wohltätige Spenden aus dem Bestand von Amazon umfasst, die von Miguel und Jacklyn Bezos an die Bezos Family Foundation gespendet wurden.

Epilog

Das Geräusch, das in meinem Ohr spielt, ist, als ich ihn sagen hörte: „Es ist kein Experiment, wenn man weiß, dass es funktioniert." In diesem Moment kristallisierten sich Bezos und seine Handlungen bis zu diesem Punkt heraus und gaben mir das Gefühl von Klarheit und den Faden, die ganze Geschichte zusammenzufügen.

Ist hier ein Mann, der von der beständigen Wiege einer Karriere in New York – der genaue Platz darlegte, den Tausenden der eifrigen graduierenden Älteren von den Hallen der Efeu-Liga-Schulen und Tausenden mehr von den Geschäftsschulen und von anderen graduierten Disziplinen ihre zugeteilten Angebote setzen und ihre Hoffnungen des Arbeitens auf Wall-Street befestigen. Er hat es verstanden. Er hat das Ziel erreicht und war dabei wie Flynn. Niemand hätte weniger von ihm gehalten. In der Tat, das Niveau seiner Leistung war immer noch das höchste seiner Familie. Ich weiß, wie sich das anfühlt, weil ich auch in meiner Familie das höchste Bildungsniveau erreicht habe, und es gab keinen Mangel an Küssen und Umarmungen von liebenden Großmüttern, ausgelassenen Onkeln und Tanten und glänzenden Eltern.

Aber das war ihm nicht genug, und das liegt nicht daran, dass er gierig war oder nicht wusste, wie er aufhören sollte zu greifen. Es ist, weil er grundsätzlich nicht mit allem einverstanden war.

Sein Mangel an Frieden im Inneren war nicht, weil er nicht glücklich war mit dem, was er bereits erreicht hatte, es war, dass es nicht weit genug in die Richtung ging, die er wollte. Als er diese Entscheidung traf, von Shaw zu springen und in die Entwicklung von Amazon einzusteigen, sah er tatsächlich die Zukunft und das Ergebnis, das er wollte.

Bezos hat keine Lust, Lehrer zu werden. Er hält das weder für seine Verantwortung noch für seinen Platz. Aber er ist der Inbegriff des Philosophen. Seine Perspektive auf das Leben und den Umgang mit seiner flüchtigen Natur sind Dinge, die man von stoischen Philosophen erwarten würde, und es ist möglich, dass er New-Age-Philosophen parallel zu klassischen Philosophen liest. Es scheint sicherlich konsequent zu sein, wenn das tatsächlich der Fall ist, weil er das große Schema von Technologie und Computer mit der Fähigkeit, Fortschritte, die morgen passieren können, auf Probleme anzuwenden, mit denen die Menschen heute konfrontiert sind, umrahmt.

Er ist der gleiche Weg mit seiner Philanthropie, und er ist der gleiche Weg mit seiner Geburt. In der Tat, er ist der gleiche Weg mit seinen Ideen der Raumfahrt und seine Bemühungen in der medizinischen Forschung. Es fühlt sich fast so an, als ob der morgige Tag für Bezos nicht schnell genug kommen kann und dass er in Eile unterwegs ist.

Als wir am Ende unserer Einführung zu Bezos und dem Verständnis und der Analyse seiner Handlungen und Anekdoten seines Lebens ankommen, sehen wir, dass der Bogen des Erfolgs nicht unbedingt beginnt, wenn man ein Erwachsener ist. Alle Sachen, die Sie als Kind vollenden und in Ihren pre-teen Jahren sich entwickeln, die in Highschool dann bis zur Hochschule führen, dienen, die Grundlage zu bilden, die voraussagt, wohin Sie als Erwachsener gehen.

Seien wir uns darüber im Klaren, dass wir nicht alle der reichste Mann auf dem Planeten sein können – standardmäßig kann es nur eine Person geben. Selbst ein Dollar zu wenig und Sie fallen auf den zweiten Platz. Auf der anderen Seite, wenn Sie die Messlatte auf der Grundlage dessen, was er erreicht hat, setzen, dann kommen Sie zu einem Weg, der zu verschiedenen Ebenen der Vollendung führt. Sie haben die zerebrale Vollendung, sich Herausforderungen zu stellen und sie zu überwinden; Sie haben körperliche

Herausforderungen, die Sie bis zu aufbringen müssen; Sie haben inspirierende Herausforderungen, die Sie mit Meditation und Fokus verfeinern, und Sie finden, dass der Moment, den Sie entscheiden, Sie irgendwo erhalten möchten und Sie stehen entschlossen in Ihrer Entscheidung, nur zwei Sachen bleiben. Die erste ist zu wissen, dass Ihre Grenzen vorübergehend sind, und die zweite ist, sich daran zu erinnern, dass alle Probleme eine Lösung haben und alle Lösungen eine Funktion des Grades Ihres Einfallsreichtums sind.

Bezos ist dieses Jahr gerade 54 geworden. Das ist ein relativ junges Alter, und er ist immer noch an der Spitze seines Spiels. Als er anfing, als er diese Reise durch das Land unternahm, war er ein junger 30-Jähriger, der weniger als ein Jahrzehnt Berufserfahrung hatte. Er hatte sicherlich keine Erfahrung im Merchandising oder in der Website-Entwicklung.

Von diesem einen Punkt allein, wie wir auch in dem Buch gesprochen haben, können Sie in Ihrem eigenen Leben sicher sein, dass Sie nicht völlig eingeholt werden müssen, was Ihr Training ist und was Sie denken, dass Sie tun können. Der eigentliche Schlüssel ist, ob Sie eine Person mit einem endlichen oder einem unendlichen Spiel sind. Sobald Sie das herausfinden können, wird die Auswahl der Geschichten, von denen Sie am meisten profitieren werden, so viel einfacher. Aber das soll Sie auch nicht davon abhalten, Bücher von Männern und Frauen zu lesen, die nicht dieselben Spieler sind wie Sie. Wenn Sie ein Infinite Player sind, lesen Sie auf jeden Fall so viele Bücher über Infinite Player, wie Sie bekommen können, aber vernachlässigen Sie den Finite Player nicht. Dadurch werden Sie aus einer ausgewogenen Gleichung entfernt.

Mit anderen Worten, lesen Sie mehr über den Typ, den Sie repräsentieren, und lesen Sie dann über diejenigen, die Sie nicht sind. Rate mal, was das für dich bedeutet. Es gibt Ihnen einen Einblick, wie die andere Hälfte Entscheidungen trifft. Also, wenn Sie das nächste Mal eine Person treffen, die Ihr Gegenüber ist, wissen Sie, wo ihre Druckpunkte sind.

Wenn Sie erkennen, dass Bezos der Inbegriff des unbegrenzten Spielers ist, sehen Sie die Schrift an der Wand und die Wegmarken seiner Handlungen. Sie beginnen zu sehen, dass er nicht der Typ ist, der in die Zwangsjacke der Routine gesetzt wird, aber er ist auch nicht einer, der sich mit Prozessen so sehr beschäftigt wie mit Ergebnissen, die besser sind. Obwohl das nicht heißt, dass er nicht daran interessiert ist, die Prozesse streng zu halten – er weiß, dass es in einer großen Organisation nur so viel Freihand gibt, dass man sich auf organisatorischer Ebene leisten kann, bevor die Dinge aus dem Ruder laufen. Aber auf den höheren Ebenen und bei der Delegation von Verantwortung hat die Lösung des Problems Vorrang vor der Beibehaltung des Prozesses.

Unbegrenzte Spielersehen im Wesentlichen das größere Bild. Deshalb wissen sie, dass das Leben nicht auf dieses Quartal und dieses Geschäftsjahr beschränkt ist. Es ist viel größer als das und Bezos ist nicht anders. Das ist der Anker, der es ihm ermöglicht, einem langfristigen Ziel der ständigen Verbesserung treu zu bleiben. Wenn er Amazon als Finite Player entwickelt hätte, dann hätte es ein ganz anderes Ergebnis gegeben. Ein interessanter Vergleich wäre jemand wie Balmer bei Microsoft und Tim Cook bei Apple. Die Gründer sind es auch nicht, aber die Kultur des Unternehmens, die ihnen vom Schlüsselgründer überlassen wurde, bestimmt die Kultur, die sie überholt und die Parameter des Spiels schafft.

Jobs hinterließ eine Firma, die das Infinite Game spielte; Gates hinterließ eine Firma, die, aus welchem Grund auch immer, das Finite Game spielte. Microsoft war in der jüngeren Geschichte immer etwa das Quartal, das Jahr oder die nächsten zwei bis drei Jahre. Und was mit dieser Art von Unternehmen passiert, ist, dass es sich in den Produkten zeigt, die sie entwickeln. Schauen Sie sich das Windows–Telefon an, das nicht lange hielt, weil sie das Telefon heraufbeschworen, während sie versuchten, in einem Markt zu konkurrieren, den sie nicht entwickelten und eine Vorrichtung gerade beschworen, also konnten sie in diesem

Viertel konkurrieren. Das Ergebnis war katastrophal. Aber wenn man sich Apple ansieht, sieht man andererseits, dass sich die Unendliche Kultur in jeder einzelnen der Hände an Deck verankert. In meinem kommenden Buch über Steve Jobs tauche ich viel tiefer ein, aber der Grund, warum ich es hier erwähne, ist, dass die Vergleiche signifikant relevant sind. Der Infinite Player gewinnt immer über den Finite Player. Sehen Sie sich den Kampf zwischen Samsung Phones und dem iPhone an. Samsung ist schnell zu kommen aus dem Tor mit Produkten, die die Aufmerksamkeit des Marktes zu erfassen, und ihre Preispunkte sind genug für den Massenmarkt zu verabschieden leicht, aber dann Apple nicht eilig zu holen. Sie backen ihre Technologie und, wenn sie gut und bereit sind, geben sie das Produkt frei. Nun, wohlgemerkt, ich bin sicher, dass es eine Reihe von Ihnen geben wird, die keine Apple-Fans sind, und glauben Sie mir, wenn ich sage, dass ich kein iPhone-Nutzer bin, aber ich schätze die Art und Weise, wie sie sich dem Markt nähern und wie sie mit Design-Innovationen umgehen, sowie die Art und Weise, wie sie ab und zu störende Technologien einführen, die den Trend für andere setzen, dem iPad zu folgen.

Zurück zu Amazon.

Auch Amazon ist ein Trendsetter. Es war Amazon, dem AliExpress folgte, und es war Amazon, dem auch Lazada in Deutschland folgte. Amazon ist zweifellos ein Trendsetter und wird es auch weiterhin sein. Wenn Sie auf dieser Ebene des Spiels sind, ist es nicht Ihre Aufgabe, über die kleinen Dinge nachzudenken, sondern darüber nachzudenken, wie man die Trends setzt und andere Ihnen folgen. Wenn Sie niemand kopiert, dann machen Sie es nicht richtig.

Eine weitere von Bezos' ergreifenden Sprüchen, die ich für einige Zeit mitnehmen werde, ist (erlauben Sie mir zu paraphrasieren), dass wir alle die Summe unserer Entscheidungen sind. Es ist eines dieser Dinge, die direkt an den Fäden ziehen, die mich daran erinnern, dass ich ein Mensch bin, nicht anders als die Männer, über die ich schreibe. Nicht anders als Gates, Jobs und Ma, und nicht anders als Bezos in den Ausstattungen, die diese Form und diese Funktion ergeben. Wir sind alle verbunden, wir alle nehmen den gleichen Inhalt unserer Biologie an. Wo wir uns unterscheiden, sind die Entscheidungen, die wir treffen, der Inhalt unserer Absichten und die Folgen unseres Handelns.

Diejenigen, die sich dafür einsetzen, tun dies mit der Gewissheit von Ursache und Wirkung. Sie wissen, dass das Nichtstun auf der einen Seite des Spektrums zur Unklarheit führt. Etwas zu tun bringt dich weiter, aber das Beste aus deinen Fähigkeiten zu machen, bringt dich weit.

Wenn Bezos tatsächlich zu glauben ist, und das ist er, dann sind wir, die Summe unserer Entscheidungen, ein Werk in Arbeit. Wir können das Kalkül der historischen Entscheidungen ändern, indem wir einfach neue Entscheidungen treffen – wenn es das wirklich ist, was geschehen muss. Oder wir können einfach über diese Männer der Vollendung lesen, während wir am Fluss sitzen und den großen Flussschiffen beim Vorbeifahren zusehen. Die Wahl ist unsere – da ist sie wieder: die Wahl.

Bezos war nicht glücklich in den Jobs, die er annahm, nicht weil er nicht gerne arbeitete, sondern weil er von mittelmäßigen Leistungen müde war. Die Glocke läutet in uns allen. Wir interpretieren es nur falsch, oder der Klang des Tollens wird durch unsere Ängste und Faulheit gedämpft.

Am glücklichsten sind wir nicht, wenn wir reich und berühmt sind. Wir sind am glücklichsten, wenn wir in Frieden sind und Fortschritte machen. Am glücklichsten sind wir, wenn wir Probleme lösen, denen niemand sonst Nahe kommen kann. Wir sind glücklich, wenn wir etwas bauen.

Bezos ist nicht glücklich, weil er mit Raketen, Robotern und Technologie spielen kann. Er ist am glücklichsten, weil er in der Lage ist, seinen Verstand scharf zu halten, etwas zu tun, was niemand sonst kann, und jeden Tag etwas Neues zu bauen.

***

Wenn Ihnen dieses Buch gefallen hat, wäre ich Ihnen für immer dankbar, wenn Sie eine Rezension bei Amazon hinterlassen könnten. Rezensionen sind der beste Weg, um Ihren Mitlesern zu helfen, die Bücher zu finden, die es wert sind, gelesen zu werden. Vielen Dank!

Werfen Sie auch einen Blick auf das nächste Buch in der „Billionaire Visionaries"-Reihe:

Elon Musk: Die Welt mit neuen Technologien bewegen